Werner Affentranger

Lisa lernt Schach spielen –
Lehrbuch für Anfänger und
Fortgeschrittene

Werner Affentranger

Lisa lernt Schach spielen

Lehrbuch für Anfänger und Fortgeschrittene

3. Auflage, Januar 2017
© Werner Affentranger, Biel-Bienne, Schweiz
Cover-Foto: © xavier gallego more

Ein besonderer Dank geht an Rosemarie J. Pfortner (www.kunstundschach-rjp.com),
die einige ihrer schönsten Schach-Zeichnungen dem Autor dieses Buchs großzügiger-
weise zur Veröffentlichung überließ.

ISBN 978-3-9524730-8-5

Korrektorat	Marlis Boeschenstein (Text)
	Dr. Wolfgang Eisenbeiss (Schachnotationen)
Druck und Vertrieb	BoD – Books on Demand, Norderstedt
	www.bod.de
Herstellung und Verlag	Publishing Partners, Biel-Bienne
	www.publishing-partners.ch

Werner Affentranger

Lisa lernt Schach spielen

Lehrbuch für Anfänger und Fortgeschrittene

«Seit undenklichen Zeiten sind die Kampfspiele Lehrmeister des Menschen gewesen. Lange schon, bevor es auch nur eine Spur von wissenschaftlichem Denken gab, lernte der Mensch planvolles Handeln im Spiel.

Das höchste aller dieser Spiele ist das Schach.»

(Emanuel Lasker)

Inhalt

Vorwort

Als Ursprungsländer des Schachspiels werden in den Literaturquellen am häufigsten Indien und Persien, manchmal auch China genannt. Historiker belegen, dass sich Schach im 7. Jahrhundert vom Nahen Osten bis Nordafrika verbreitet hat und im 11. Jahrhundert über Spanien und Russland ins abendländische Europa gelangt ist.

Im späteren Mittelalter gehörte Schach zu den ritterlichen Tugenden, und in dieser Zeit wurden die Spielregeln festgelegt, die bis heute Gültigkeit haben. Seit Ende des 19. Jahrhunderts wurden in Europa und später weltweit regelmäßig Schachturniere durchgeführt.

Erster offizieller Schachweltmeister war zwischen 1886 und 1894 Wilhelm Steinitz, österreichisch-amerikanischer Bürger aus Böhmen. 1924 wurde in Paris der Weltschachbund Fédération Internationale des Echecs (FIDE) gegründet. Es gibt eine Weltrangliste, wobei die offizielle Elo-Zahl (Wertungssystem) eines Spielers über das Ranking entscheidet. Die sogenannten Internationalen Meister haben eine Elo-Zahl von über 2400, Großmeister kommen auf über 2700 Elo-Punkte.

Die große Mehrheit der Schachspieler spielt aber nicht um Elo-Punkte und nimmt nicht an Schachturnieren teil. Viele spielen Schach zum Vergnügen unter Freunden. Obschon man viele Schachprogramme, von denen manche die Spielstärke eines Schachmeisters haben, aus dem Internet herunterladen kann, macht es offensichtlich immer noch mehr Spaß, Partien mit Freunden live am Schachbrett zu spielen.

Die Regeln des Schachspiels sind einfacher, als viele glauben. Nach ein paar Lektionen kennt der Einsteiger die Figuren und weiß, wie sie sich auf dem Brett mit den 64 Feldern bewegen, wie gegnerische Steine geschlagen werden und wie ein Schachmatt aussieht.

Der Einstieg ins Schach ist für einen Anfänger nicht schwer, doch während bei Kartenspielen auch Glück und Zufall eine wichtige Rolle spielen – je nach Karten, die man aufgenommen hat –, ist die Ausgangslage beim Schach für die Spieler immer gleich. Nicht der Glücklichere gewinnt, sondern wer die bessere Strategie hat und die besseren Entscheidungen trifft. Das gilt zwar auch für andere Brettspiele wie Halma, Dame oder das Mühlespiel, doch im Vergleich zu diesen ist die Anzahl möglicher Züge im Schach unendlich viel größer, das Spiel komplexer.

Die Hamburger Grundschule an der Genslerstraße hat 2008 Schach als reguläres Schulfach eingeführt («Schach statt Mathe»), und inzwischen haben auch etliche andere Schulen nachgezogen. Schach wird auch in Zukunft als attraktives Denk- und Strategiespiel immer wieder neue Anhänger finden, junge und ältere, unabhängig von Hautfarbe, Sprache und Religion.

Zu diesem Lehrbuch

Zuerst ein Tipp: Schach-Anfängerinnen oder -Anfänger, die das Spiel systematisch lernen wollen, besorgen sich am besten ein herkömmliches Schachspiel mit *beschrifteten Feldern* am Brettrand. Um die Diagramme im Lehrbuch mit den Beispielen und Aufgaben zu verstehen, muss man die *Schachnotation* kennen, wie sie im Buch beschrieben ist.

Hier wird nicht nur das Schachspiel ausführlich erklärt, sondern wir begleiten Lisa bei ihren ersten Gehversuchen und Erlebnissen am Schachbrett bis zu ihrem ersten Sieg in einer Wettkampfpartie des regionalen Junioren-Schachklubs.

Lisa mag vielleicht etwas wie eine Streberin und brave Musterschülerin wirken, wenn sie hartnäckig Eröffnungsstrategien studiert und sich nach vielen verlorenen Partien nicht entmutigen lässt, weiterzumachen. Es gehört tatsächlich ein gewisser Ehrgeiz dazu, um sich vom Anfänger zu einem guten Spieler zu entwickeln. Lisa soll kein Maßstab sein, wie schnell und wie gut jemand das Schachspiel lernt. Schach kann man außerdem auch im fortgeschrittenen Alter noch lernen und spielen, was sicher dazu beiträgt, geistig fit zu bleiben.

Teil I
Lisa lernt Schach spielen

Wenn Onkel Erich nicht gewesen wäre, hätte Lisa wohl nie im Leben begonnen, sich wirklich für Schach zu interessieren. «Schach ist ein großartiges Spiel», behauptete er, «wer es einmal erlernt hat, findet überall auf der Welt Freunde, die das Spiel kennen und mit denen man sich austauschen kann, selbst wenn sie eine andere Sprache sprechen und einer anderen Kultur angehören.»

Erich und seine Frau Maya kommen fast jeden Sonntagabend zu Besuch und schauen nach dem Essen meistens zusammen mit Lisas Eltern den «Tatort»-Krimi. Vor einem Monat hatten Lisas Eltern ihr erstmals erlaubt, den Krimi mitzuschauen, aber dessen Handlung und die der folgenden «Tatorte» ließen sie eher ratlos zurück. Onkel Erich war nicht entgangen, dass Lisa sich nicht sonderlich für das Verwirrspiel mit Mordopfern, Scheinverdächtigen und mutigen Ermittlern interessierte, die den Fall jeweils im letzten Moment lösen konnten.

Lisa ist zwölf Jahre alt und kommt mit dem Schulunterricht ganz gut zurecht, ohne dass sie deswegen als Streberin gilt. Am liebsten spielt sie in der Freizeit Fußball und darf auch mit den Jungs mitspielen. Sie schimpft gelegentlich heftig, wenn sie von einem Gegenspieler unsanft zu Fall gebracht wird, aber Jammern ist nicht ihr Ding. Im Übrigen teilt sie die Interessen ihrer Freundinnen und kichert mit ihnen über alles Mögliche, was zwölfjährige Mädchen lustig und aufregend finden.

«Also», begann Erich an einem Sonntagabend, «statt den Krimi zu schauen, erkläre ich dir, wie Schach funktioniert. Ich bringe dir die Schachregeln bei, und du wirst sehen, dass Schach spielen spannender ist als ein Konserven-Krimi in der Glotze.»

Lisas Vater lachte und meinte, dass seine Tochter wohl kaum an einem Schachbrett Probleme lösen werde, wenn sie statt dessen einen spannenden Film sehen könnte. Das sei doch kein Spiel für Mädchen, gab die Mutter zu bedenken, und Maya pflichtete ihr bei. Erich habe auch schon versucht, ihr das Schachspiel beizubringen, aber weil sie gegen ihn nie auch nur den Hauch einer Chance sah, habe sie das Interesse an Schach verloren.

Umso begeisterter war Onkel Erich, als Lisa behauptete, das Schachspiel lernen zu wollen. Das hatte etwas mit Rudi zu tun, ihrem Schulfreund, der Mitglied der Juniorenabteilung eines Schachklubs der Stadt ist und der sie schon gefragt hatte, ob sie nicht Lust hätte, mal in seinem Klub vorbeizuschauen. Da würden auch Mädchen mitmachen, meinte er.

«Wir setzen uns in eine ruhige Ecke, und ich erkläre dir erst einmal die Schachregeln.» Erich hat tatsächlich ein Schachbrett und die Figuren mitgenommen und baut nun das ganze Set auf.

An diesen Moment wird sich Lisa später genau erinnern. Jetzt konnte sie aber noch nicht ahnen, wie wichtig für sie das Schachspiel im Laufe der nächsten Monate und Jahre noch werden würde.

Die Elemente des Schachspiels

Das Schachbrett

«Eine Schachpartie wird auf einem Brett mit 64 Feldern ausgetragen. Acht abwechselnd schwarze und weiße Felder in der Breite (a bis h) und in der Höhe (1 bis 8) bilden die quadratische Bühne für ein Schachspiel», doziert Erich. «Beim Aufstellen des Schachbretts ist darauf zu achten, dass der Spieler mit Weiß seine Figuren auf den Linien 1 und 2 platziert, die schwarzen Figuren stehen auf den Linien 7 und 8. Die Eckfelder a1 und h8 sind immer schwarz. Alles klar?»

Die Figuren in der Startaufstellung

«Schau mal, es gibt nur sechs verschiedene Figuren, von denen jede eine eigene Rolle hat im Schachspiel», meint Erich, «und du musst zuerst lernen, wie diese Figuren sich auf dem Brett bewegen dürfen: der König, die Dame, die Läufer, Springer, Türme und die Bauern. Sieh dir die Start-aufstellung der Figuren genau an. Und jetzt stellst du die Figuren selber auf das Brett.» Mit diesen Worten schiebt Erich sämtliche Steine vom

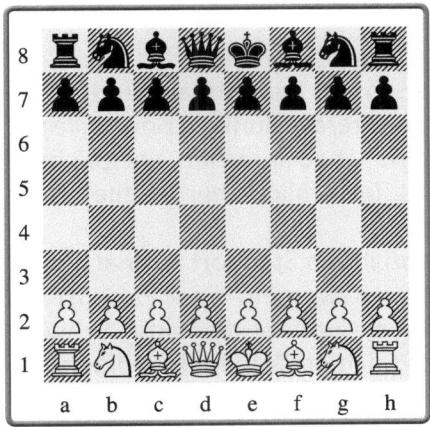

Schachnotation (1. Teil)

Schwarz	König auf e8 **Ke8**
	Dame auf d8 **Dd8**
	Türme **Ta8** und **Th8**
	Läufer **Lc8** und **Lf8**
	Springer **Sb8** und **Sg8**
	8 Bauern auf **a7** bis **h7**
Weiß	König auf e1 **Ke1**
	Dame auf d1 **Dd1**
	Türme **Ta1** und **Th1**
	Läufer **Lc1** und **Lf1**
	Springer **Sb1** und **Sg1**
	8 Bauern auf **a2** bis **h2**

Diagramm 1

Brett und schaut Lisa anschließend zu, wie sie eine Figur nach der andern wieder auf ihre Startposition setzt.

«Sehr gut, fast perfekt», lobt der Onkel, nachdem Lisa alle Steine wieder so hingestellt hatte, wie sie es für richtig hielt, «nur eine kleine, aber wichtige Änderung: Die Damen und Könige hast du auf die falschen Felder gestellt. Merk dir einfach, dass in der Grundstellung die weiße Dame immer auf dem weißen Feld und die schwarze Dame auf dem schwarzen Feld steht. Und beachte die Buchstaben und Ziffern am Brettrand. Der weiße König steht auf Feld e1, die Dame auf d1. So kann die Stellung jeder Figur notiert werden, also Ke1, Dd1 und so weiter. Wie würdest du die Position der beiden schwarzen Springer notieren?»

«Hm, ich denke, mit S würde man den Springer bezeichnen, also Sb8 und Sg8, richtig?» Lisa schaut Erich fragend an.

«Genau, damit hast du schon begriffen, dass jeder Schachzug schriftlich festgehalten werden kann. Das ist wichtig, wenn du später lernst, Schachpartien aus Lehrbüchern nachzuspielen. Jetzt wollen wir zuerst einmal sehen, wie man die einzelnen Figuren auf dem Brett bewegt. Du musst die weißen und die schwarzen Steine als zwei feindliche Heere betrachten, jedes der beiden will das andere besiegen. Schach ist ein Kampfspiel, nur dass dabei statt Muskelkraft mehr das Denkvermögen gefragt ist.»

Lisas Eltern und Maya sitzen vor dem TV, und Erich geht kurz weg, um mit einem gefüllten Weinglas zurückzukehren.

Wirkungsbereich der Figuren

Erich macht das didaktisch ganz geschickt. Seine Haare sind schon leicht ergraut, und wegen seiner Stirnglatze, der dunklen Hornbrille mit den dicken Gläsern und seiner ruhigen Art zu sprechen, entspricht er dem Klischee eines Hochschullehrers. Tatsächlich aber arbeitet er als Grafiker in einem Zeitungsverlag.

«Jede der Schachfiguren kann sich von ihrem Standort aus nach ganz bestimmten Regeln fortbewegen. Eine Bewegung einer Figur ist ein Zug, der Spieler mit den weißen Steinen eröffnet die Partie, Schwarz spielt den Gegenzug und so weiter.» Erich erklärt Lisa im Folgenden, welche Rolle den einzelnen Figuren in einem Schachspiel zugedacht ist.

Der König

Der König ist nicht die stärkste Figur auf dem Feld, aber die wichtigste. Ist er verloren, also schachmatt gesetzt, ist die Partie zu Ende.

Seine Kampfstärke ist ziemlich bescheiden, denn er kann sich von seinem Standort aus nur um ein Feld in jeder Richtung fortbewegen. In Beispiel-Diagramm 2 beherrscht der weiße König 8 Felder, der schwarze deren 5.

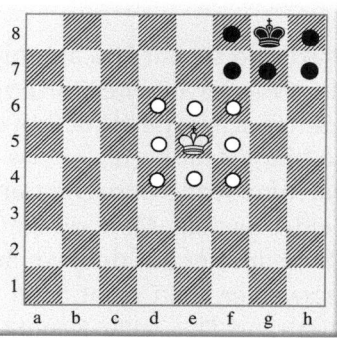

Diagramm 2

Der Turm

Der Turm darf horizontal und vertikal nach allen Richtungen beliebig weit ziehen. Auf dem leeren Brett beherrscht er stets 14 Felder, unabhängig davon, auf welchem Feld er steht.

Der Turm ist nach der Dame die zweitstärkste Figur auf dem Brett. Zwei Türme haben etwa den gleichen Wert wie eine Dame.

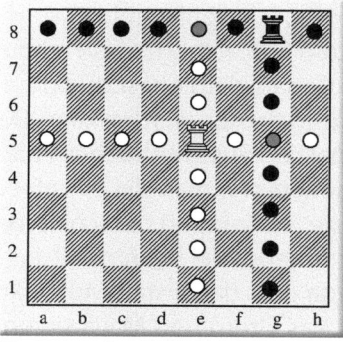

Diagramm 3

Der Läufer

Der Läufer beherrscht die Diagonalen. Er bewegt sich von seinem Standort aus nur schräg, ebenfalls beliebig weit wie der Turm. Im Gegensatz zu diesem reduziert sich sein Wirkungsbereich jedoch, je nachdem, auf welchem Feld er steht. Bedingt durch seine Gangart, ist es dem Läufer nicht möglich, die Farbe seiner Felder zu wechseln.

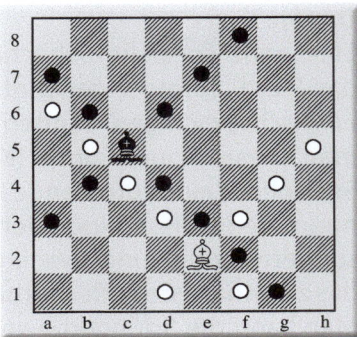

Diagramm 4

Rosemarie J. Pfortner,
www.kunstundschach-rjp.com

Die Dame

Die einzige weibliche Figur ist zugleich die mächtigste, denn sie bewegt sich wie Turm und Läufer zusammen, also sowohl diagonal als auch gradlinig in jede Richtung.

Die Dame beherrscht fast die Hälfte des ganzen Schachbretts. Sie wird auch oft als Königin bezeichnet, in der englischen Notation schreibt man sie mit «Q» wie Queen.

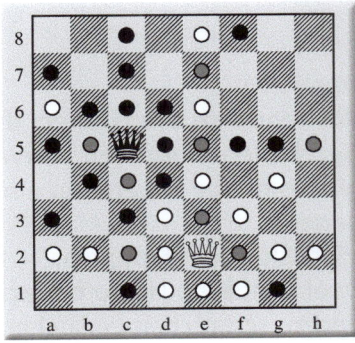

Diagramm 5

Der Springer

Eine ganz spezielle Schachfigur ist das Pferd, Springer genannt (in den englischsprachigen Ländern nennt man diese Figur Knight [Knecht]). Springer ist eine zutreffende Bezeichnung, denn diese Figur zieht nicht, sondern springt, und zwar immer auf das zweitnächste andersfarbige Feld. Man kann die Springerbewegungen mit einem stehenden oder liegenden L vergleichen. Ausgehend von seinem Standort hat er 8 mögliche Zielfelder. Weil der Springer nur 8 Felder beherrscht, wird sein Wert von Anfängern oft unterschätzt. Zu Unrecht, wie spätere Beispiele zeigen werden.

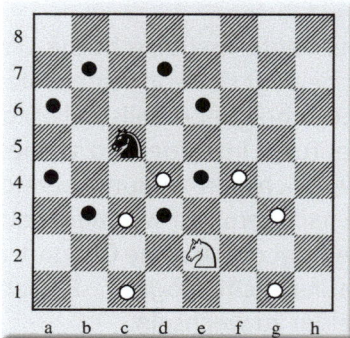

Diagramm 6

Rosemarie J. Pfortner,
www.kunstundschach-rjp.com

Der Bauer

Während sich alle Figuren, die von den Grundlinien 1 und 8 aus ins Geschehen eingreifen, vorwärts und rückwärts bewegen können, gibt es für die Bauern nur eine Richtung: nach vorne, dem Feind entgegen!

«Schach ist ein Kampfspiel», betont Erich, «man kann die Figuren als zwei feindliche Heere betrachten, die sich gegenseitig zu überlisten und zu schwächen versuchen mit dem Ziel, den gegnerischen König festzunageln und mattzusetzen. Der Bauer ist mit dem Fußsoldaten vergleichbar. Er zieht in gerader Linie von Feld zu Feld, stets nur einen Schritt vorwärts, *mit Ausnahme des ersten Zugs*: Von der Grundstellung aus dürfen die Bauern, wenn es sinnvoll erscheint, einen *Doppelschritt* machen, zum Beispiel von d2 direkt auf d4.

Gelingt es einem Bauern, die gegnerische Grundlinie zu erreichen, verwandelt er sich in eine beliebige Figur (außer in einen König). Der so unscheinbare Bauer wird zum Ritter geschlagen und greift nun in einer andern Rolle, zum Beispiel als Dame, entscheidend ins Spiel ein. Es ist unbedeutend, ob die Dame zuvor schon geschlagen worden ist oder ob nun mehrere Damen der gleichen Truppe auf dem Brett stehen.»

Lisa prägt sich das alles gut ein. Sie glaubt verstanden zu haben, wie die einzelnen Figuren laufen.

Blockierung durch eigene Steine

«Bevor wir eine erste Partie spielen, musst du noch wissen, dass keine Figur ein Feld betreten darf, auf dem bereits eine Figur der *eigenen* Truppe steht. Und keine Figur, mit Ausnahme des Springers, darf eigene oder feindliche Figuren überspringen. Dazu machen wir eine kleine Übung.»

Erich platziert ein paar Figuren auf dem Brett und will anschließend von Lisa wissen, welche Zugmöglichkeiten die einzelnen Steine haben (siehe *Diagramm 7*).

«Stell dir vor, Weiß wäre am Zug. Erkläre mir nun, welche Züge die einzelnen weißen Steine theoretisch machen könnten, angefangen mit dem König auf g2!»

Lisa kommt sich ein wenig vor wie in der Schule. Am liebsten hätte sie gleich eine richtige Partie gespielt, aber sie ahnt, dass ihr noch das grundlegende Wissen fehlt, um mit den Figuren auf dem Brett etwas Gescheites anzufangen. Wie war das noch mit dem König? Komisch, dass er nicht die stärkste Figur ist und nur gerade einen Schritt auf das nächste Feld machen darf. Sie konzentriert sich aufs Brett und löst schließlich die Aufgabe fehlerfrei. Zuerst alle möglichen Züge der weißen Steine, dann die der schwarzen. Erich ist sehr zufrieden mit seiner Nichte.

«Das reicht für heute», meint Erich. «Nächste Woche machen wir weiter, dann reden wir über das Schlagen von Figuren und über das Schachmatt.»

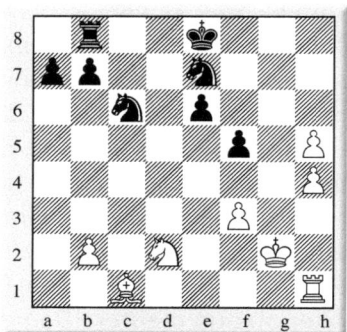

Diagramm 7

Weiß hat folgende Wahl (Diagramm 7):
Kg2   kann auf die Felder g1, f1, f2, g3, h3, h2;
Th1   kann auf die Felder g1 bis d1 und h2 oder h3 ziehen;
Lc1   kann nirgends hin! Der Bauer b2 und der Springer d2 blockieren ihn;
Sd2   kann auf die Felder b1, b3, c4, e4 oder f1;
Bauern b2 kann auf b3 oder b4; f3 kann auf f4; h4 ist blockiert;
        h5 kann auf h6.

Wäre Schwarz am Zug, stünden folgende Möglichkeiten zur Auswahl:
Ke8   kann auf d8, d7, f7, f8;
Tb8   kann auf a8, c8 oder d8;
Sc6   kann auf a5, b4, d4, d8, e5; Se7 auf c8, d5, g6 oder g8;
Bauern a7 kann auf a6 oder a5; b7 auf b6 oder b5; e6 auf e5; f5 auf f4.

«Na, wie war euer Schachspiel?», ruft Lisas Vater, ohne den Blick vom Fernsehbildschirm abzuwenden, auf dem die letzten Minuten des «Tatorts» laufen.
«Gut», antwortet Lisa, «aber wir haben noch nicht richtig gespielt, ich bin noch am Lernen.» Tatsächlich ist sie ein wenig verwirrt. Sie hatte sich das Spiel einfacher vorgestellt und dachte, dass sie nach einer kurzen Einführung gegen Onkel Erich spielen und ihn womöglich gleich fordern könnte. Nun fängt sie an zu begreifen, dass das Schachbrett mit den 64 Feldern und den faszinierenden Figuren mit keinem Spiel zu vergleichen ist, das sie schon kennt.

Das Schlagen und die Fesselung

Die Woche nach Lisas erster Schachlektion verging wie im Flug. Schule besuchen, Hausaufgaben lösen, dazwischen Zeit mit Freundinnen verbringen, ein Wochenendausflug mit ihren Eltern – für Schach blieb keine Zeit. Sie freute sich aber auf Erichs nächste Schachlektion und war gespannt, was ihr Onkel ihr diesmal beibringen würde.

«Na, Lisa, wollen wir mit Schach weitermachen?», fragt Erich nach dem Essen und scheint keineswegs davon überzeugt, dass sich seine Nichte erneut entscheiden würde, das Schachspiel dem TV-Krimi vorzuziehen.

«Ja, gerne», antwortet sie, «aber ich glaube, ich habe schon fast alles vergessen, was du mir letzte Woche beigebracht hast.»

«Glaub ich nicht», meint Erich, «aber kein Problem, wir repetieren kurz alles, was ich dir letzte Woche erklärt habe, dann befassen wir uns mit dem Schlagen von Figuren, mit Fesselungen und mit dem eigentlichen Ziel des Schachspiels, dem Mattsetzen des gegnerischen Königs.»

«Das tönt ja wieder sehr kriegerisch», lacht Lisas Mutter, «willst du dir das wirklich antun, Lisa?»

«Klar, Mama, guck du nur den Krimi, der ist noch viel brutaler», grinst Lisa. Ihre Mutter weiß nicht so recht, ob sie lachen oder schmollen soll.

Erich und Lisa spielen noch einmal die Rollen der einzelnen Figuren durch, und Lisa wird rasch wieder klar, wie Dame, Läufer, Springer, Türme und die Bauern ziehen können.

«Gut, wie du weißt, darf nur der Springer einen Stein überspringen. Es ist jedoch erlaubt, ein Feld zu betreten, auf dem sich ein gegnerischer Stein befindet, indem man diesen schlägt und vom Brett entfernt.»

Erich baut eine Stellung wie im *Diagramm 8* auf und erklärt: «Schwarz am Zug könnte mit der Dame den Läufer c3 schlagen oder auf Feld f1 gehen und den weißen König angreifen und Schach geben. Wenn der König von einer gegnerischen Figur direkt angegriffen wird, steht er im Schach. Würde die schwarze Dame also auf f1 gehen und den König auf h1 angreifen, könnte der Springer auf h2 die Dame auf f1 schlagen. Oder, was meinst du?», fragt Erich.

Lisa ist verwirrt. «Ja, warum denn nicht?»

«Wenn der Springer nicht mehr auf h2 steht, könnte Schwarz mit dem Turm h8 den König auf h1 schlagen. Der König wird aber niemals geschlagen, sondern mattgesetzt», erklärt Erich. «Schachmatt ist er, wenn er angegriffen wird und auf kein Feld flüchten kann, das nicht von einem gegnerischen Stein bedroht ist. In unserem Fall schützt der Springer den König vor dem Angriff des Turms auf h8 und ist deshalb an den König *gefesselt*, das heißt, er darf sein Feld nicht verlassen. Aus dem gleichen Grund kann Weiß auch seinen Turm auf g2 nicht bewegen, solange die gegnerische Dame auf f3 steht.»

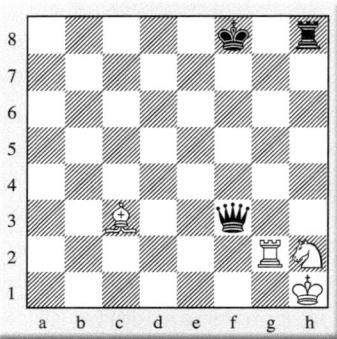

Diagramm 8

Diagramm 8, Weiß am Zug	Diagramm 8, Schwarz am Zug
● Lc3 könnte Th8 schlagen (Lc3xTh8; Kurznotation: Lxh8). ● Springer h2 darf die Dame auf f3 *nicht* schlagen, weil der schwarze Turm auf h8 steht. Dadurch ist der Springer *gefesselt*, denn wenn er wegzieht, steht sein König im Schach und könnte im nächsten Zug vom Turm geschlagen werden (siehe Seite 18, *Die Sonderstellung des Königs*). ● Der Turm auf g2 darf ebenfalls *nicht* ziehen, weil ihn die gegnerische Dame auf f3 an den König *fesselt*! ● Bewegt sich der König auf g1, entzieht er sich den Fesselungen!	● Dame schlägt Läufer auf c3 (Dxc3) oder geht auf d1 oder f1 (Df1+), um den König anzugreifen. Weiß müsste dann den Turm auf g1 schützend dazwischen stellen (Tg1). ● Dame schlägt Turm auf g2: keine gute Idee, denn dann könnte der weiße König die Dame schlagen! ● Turm schlägt Springer auf h2 (Txh2): Ein schlechter Tausch, denn der weiße König schlägt anschließend den ungeschützten Turm. ● Turm geht auf g8. Schwarz verzichtet auf das Schlagen einer weißen Figur und droht im nächsten Zug mit DxTg2 matt! Der Springer h2 wäre dann aber entfesselt und könnte die Dame schlagen.

«So, nun spielen wir einfach einmal eine Partie und sehen, was dabei herauskommt», schlägt Erich vor.

Das ist ganz in Lisas Sinn. Erich eröffnet das Spiel, indem er den Bauern von e2 nach e4 schiebt. «Mein erster Schachzug», überlegt Lisa, und schon hat sie ein Problem. Soll sie auch einen Bauernzug machen, und wenn ja, welchen? Sie spielt zögerlich den Bauern auf f5, Erichs Bauer von e4 schlägt sogleich Lisas Bauer auf f5, und Lisa protestiert: «Die Bauern dürfen doch nur geradeaus ziehen!»

«Richtig», antwortet Erich, «aber schlagen tun sie schräg vorwärts.»

Lisa hat keine Ahnung, wie sie weiterspielen soll. Nach wenigen Zügen hat Erich sie mit der Dame mattgesetzt.

«Das war nur eine kleine Übung», meint Erich, «und das ging ja schon ganz gut. Du weißt, wie sich die Figuren bewegen, wie man gegnerische Steine schlägt und hast gesehen, wie dein König mattgesetzt wurde. Das Schlagen der Bauern muss ich dir noch einmal erklären, auch das *Schlagen en passant* und die Sonderstellung des Königs gehören zu den speziellen Regeln des Schachs, die Anfängern etwas Mühe machen.»

Das Schlagen der Bauern

Im Folgenden erklärt Erich, was er mit den besonderen Bauernzügen und der Stellung des Königs gemeint hat und baut dazu die Stellung auf wie in *Diagramm 9* gezeigt.

«Im Gegensatz zu allen andern Figuren, die in der Richtung schlagen, in der sie ziehen oder springen, schlägt der Bauer nicht geradeaus, sondern die Steine, die im Feld rechts oder links vor ihm stehen», erklärt er.

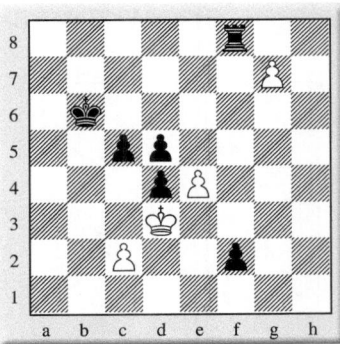
Diagramm 9

Erich will wissen, welches die besten Züge wären, je nachdem, ob Weiß oder Schwarz am Zug wäre. Lisa lernt dabei, wie wichtig Bauern manchmal sein können.

Diagramm 9: Weiß am Zug kann den Turm f8 schlagen und den Bauern gleichzeitig in eine Dame umwandeln, wonach er die Partie gewinnen sollte. Schwarz am Zug gewinnt in zwei Zügen: Der Bauer f2 geht auf f1 und wird zur Dame, die den König angreift. Diesem bleibt nur das Fluchtfeld d2 (c3 und e3 sind im Wirkungsbereich des Bauern d4, auf c2 steht ihm ein eigener Bauer im Weg). Im nächsten Zug zieht der schwarze Turm auf f2, und Weiß ist mattgesetzt.

Schlagen en passant

«Nun noch eine Ausnahmeregel, die ich dir nicht ersparen kann.» Erich scheint erfreut über Lisas immer noch vorhandenes Interesse, Neues hinzuzulernen.

«Eine besondere Art des Schlagens ist *en passant*, das Schlagen im Vorbeigehen. Diese Regel verwirrt meistens die Anfänger, weshalb ich versuche, sie dir genauer zu erklären: Du weißt, dass ein Bauer mit seinem ersten Zug einen Doppelschritt tun und zwei Felder vorrücken kann. Angenommen, du würdest mit dem weißen Bauern von c2 auf c4 ziehen zu einem Zeitpunkt, da der schwarze Bauer auf b4 steht, so siehst du, dass der weiße Bauer mit diesem Doppelschritt seinem Kontrahenten auf b4 die Möglichkeit des Schlagens raubt. Für diesen Fall wurde die Sonderregelung des En-passant-Schlagens geschaffen, indem der schwarze Bauer auf dem Feld seines Wirkungsbereichs, auf c3, schlagen darf. Schwarz kann also den Doppelschritt von Weiß ignorieren und so schlagen, als ob Weiß den Bauern nur auf c3 gespielt hätte. Dieser Zug muss sofort auf c2–c4 erfolgen, zu einem späteren Zeitpunkt kann auf dieses Sonderrecht nicht zurückgekommen werden. Dies ist die einzige Ausnahme von der Regel, dass ein Stein nur dort geschlagen werden kann, wo er sich befindet.»

Weil Lisa ihren Onkel nur fragend anschaut, zeigt Erich auf dem Brett, wie en passant geschlagen wird *(Diagramm 10)*.

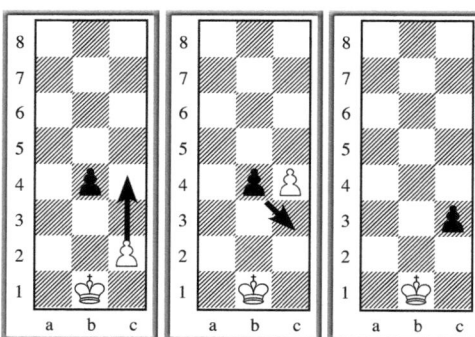

Diagramm 10

Die Sonderstellung des Königs

«Im Zusammenhang mit dem Schlagen von Figuren muss man die Sonderstellung des Königs erwähnen», doziert Erich. «Im Gegensatz zu jedem andern Stein darf der König nämlich niemals geschlagen werden! Er darf und soll angegriffen werden, also mit einem Schachgebot, aber er muss diese Bedrohung unter allen Umständen abwenden können. Der angreifende Spieler macht mit der Attacke auf den König oft auch verbal auf die Gefahr aufmerksam, indem er bei der Zugsausführung das Wort «Schach» ausspricht (wozu aber keine Verpflichtung besteht). Längst aus der Mode gekommen ist die Ansage «Garde», wenn die Dame angegriffen wird. Kann der angegriffene König die Bedrohung nicht abwenden, zum Beispiel indem die angreifende Figur geschlagen wird oder ein eigener Stein sich schützend vor den König stellt, und kann er nicht auf ein sicheres Feld flüchten, ist die Partie beendet, der König ist schachmatt.

Innerhalb seines bescheidenen Wirkungsbereichs – wie wir inzwischen wissen, darf der König in jeder Richtung nur ein Feld weit ziehen –, kann der König selber auch gegnerische Steine schlagen. Diese dürfen aber nicht durch andere feindliche Figuren geschützt sein, denn der König darf kein Feld betreten, das von einer feindlichen Figur beherrscht wird. Passiert ihm das in einem Turnierspiel, ist die Partie sofort beendet. Wo nicht so streng nach Regeln gespielt wird, darf ein Zug, mit dem Einverständnis des Mitspielers, auch zurückgenommen werden. Ansonsten gilt: *berührt, geführt*.»

Erich stellt wieder ein paar Figuren auf das Schachbrett *(Diagramm 11)* und lässt Lisa folgende Aufgabe lösen: «Der Läufer auf d5 greift den König an, der auf g8 steht. Was machst du mit Schwarz nun am besten?»

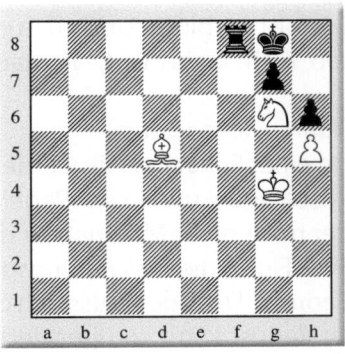

Diagramm 11

Lisa konzentriert sich. «Auf h8 kann er nicht, weil der Springer auf g6 steht, also muss er auf h7, richtig?»

«Das ist korrekt. Gibt es noch eine andere Möglichkeit?»

«Ach so, ja, er kann auch den Turm auf f7 stellen, dann steht der König nicht mehr im Schach.»

«Auch das ist richtig», antwortet Erich. «Also, welche von den zwei Möglichkeiten ist für Schwarz die bessere?»

«Ich würde mit dem König auf h7, sonst schlägt Weiß den Turm, wenn ich ihn auf f7 stelle», antwortet Lisa.

«Sicher?» Erichs Stimme signalisiert, dass er einen besseren Vorschlag erwartet hat. «Visualisiere die Stellung, wenn der schwarze König auf h7

steht und nun wieder Weiß am Zug ist. Beachte den Springer auf g6!»
«O je, daran habe ich nicht gedacht», gesteht Lisa, «dann ist der Turm ja
ohnehin verloren!»
«Genau», bestätigt Erich, aber wenn Schwarz nicht auf h7 flüchtet, son-
dern den Turm auf f7 stellt, schenkt er Weiß nicht einfach den Turm. Der
Läufer schlägt zwar den Turm, wird aber im Gegenzug vom König ge-
schlagen.»
Erich findet, dass das ein gutes Beispiel war, um die Möglichkeiten des
Königs zu erklären und um Lisa zu zeigen, dass es im Schach darauf
ankommt, nicht nur den nächsten Zug vor Augen zu haben, sondern
auch noch den nächstfolgenden Zug vorauszusehen.
Lisa ärgert sich ein wenig über sich selber. «Da hätte ich eigentlich auch
draufkommen sollen.»
Erich lacht und meint, sie habe bereits viel gelernt und dass es für heute genug sei.
«Ach, komm!», protestiert Lisa, «der Krimi läuft noch eine Weile. Hast du
noch ein Beispiel?»
Erich ist verblüfft. Und auch ein wenig müde. «Du willst es wirklich wissen, nicht wahr? Gut, wir machen noch eine Übung.»

Figuren abtauschen
«In einer Schachpartie werden normalerweise auf beiden Seiten Steine
geschlagen, und in der Regel – aber nicht immer – gewinnt der Spieler,
der noch mehr Material auf dem Brett hat.
Eine Figur, die im Wirkungsbereich eines feindlichen Steines steht, ist
bedroht. Die Figur muss sich dem Angriff zu entziehen versuchen, außer
ihr Verlust kann kompensiert werden, indem eine gleichwertige Figur
der gegnerischen Steine geschlagen wird. Werden gleichwertige Steine
beider Lager geschlagen, spricht man von *Abtausch*. Wann ein Abtausch
sinnvoll ist, ist – situationsbedingt – von taktischen Überlegungen abhängig, auf die wir später einmal kommen werden.
Kein Abtausch ist es hingegen, wenn auf der einen Seite ein Turm und auf
der andern im Gegenzug ein Läufer oder Springer geschlagen wird. Da
der Turm, der wie die Dame als *Schwerfigur* gilt, mehr Gewicht hat als die
Leichtfiguren Springer und Läufer, spricht man bei einem solchen Tausch
von *Qualitätsgewinn* oder *-verlust*, je nachdem, wer den besseren oder

schlechteren Tausch gemacht hat. Es ist also wichtig, den Wert der Figuren zu kennen.»

Wieder konstruiert Erich auf dem Brett eine Stellung *(Diagramm 12)*.

«Du hast die schwarzen Steine und bist am Zug. Mach einen Vorschlag!»

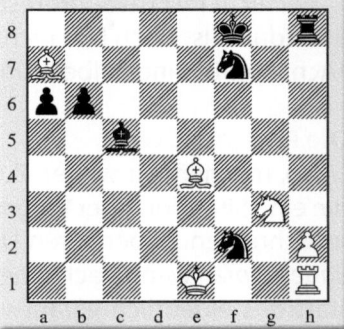

Diagramm 12

Lisa denkt laut: «Der Springer f2 kann den Läufer e4 schlagen, aber auch den Turm auf h1. Der Turm wäre wertvoller, hast du einmal gesagt, stimmts?»

«Gut aufgepasst», bemerkt Erich anerkennend. «Das wäre ein *Qualitätsgewinn*, auch wenn Weiß dann mit dem Läufer e4 oder mit dem Springer g3 den schwarzen Springer auf h1 schlagen würde. Der Bauer auf h2 wäre kaum mehr zu verteidigen, und der Spieler mit den schwarzen Steinen müsste dank des materiellen Übergewichts diese Partie gewinnen.»

Der Wert der Steine

Dame	9 Punkte [1])	Springer	3 Punkte
Turm	5 Punkte	Bauer	1 Punkt
Läufer	3 Punkte	König	(wird nicht geschlagen)

Eine Woche später. Lisas Eltern haben sich mittlerweile daran gewöhnt, dass ihre Tochter es vorzieht, von Onkel Erich in die Welt des Schachspiels entführt zu werden, statt mit ihnen den Krimi am Sonntagabend zu sehen. «Heute schauen wir uns Patt- und Mattstellungen an», verkündet Erich, «und dann befassen wir uns mit der Rochade. Wenn du das alles begriffen hast, können wir richtig schöne Partien spielen.»

Auf die richtig schönen Partien ist Lisa gespannt. Sie freut sich schon auf Rudis Überraschung, wenn sie ihrem Schulfreund verraten würde, dass sie jetzt auch Schach spielen kann. Sie schaut zu, wie Erich sein Weinglas neben dem Schachbrett platziert und seine dicken Brillengläser putzt. «Spielst du auch in einem Schachklub?», fragt sie ihren Onkel.

«Früher war ich bei den Junioren dabei, jetzt fehlt mir die Zeit, um in einem Verein zu spielen. Ab und zu spiele ich im Café Littéraire, da sind

[1]) Manche Experten bewerten die Dame mit 10 Punkten (1 Dame = 2 Türme)

immer ein paar gute Schachspieler, alles Amateure, aber echt stark. Wenn du magst, nehme ich dich einmal mit, damit du eine Ahnung bekommst, wie da gespielt wird.»

«Aber nicht im Ernst», protestiert Maya, die das offenbar mitbekommen hat, «du willst doch Lisa nicht in dieses verrauchte Lokal mitnehmen?»

«Ach, nur für eine halbe Stunde oder so», grinst Erich.

Die Pattsituation

«Also, machen wir weiter. Zuerst die Pattstellung. Manche Ausdrücke, die eine Situation oder Vorgang in den Bereichen Politik und Wirtschaft umschreiben, haben ihren Ursprung im Schachspiel, zum Beispiel das *Bauernopfer*, wenn nach einem Fiasko ein rangniedrigerer Angestellter statt des eigentlich verantwortlichen Chefs der Bank entlassen wird, oder die *Pattsituation*, wenn politische Verhandlungen festgefahren sind und keine Partei zu Kompromissen bereit ist», holt Erich aus.

«Im Schachspiel kann es zum Patt kommen, wenn ein Spieler keine Möglichkeit mehr hat, einen Stein zu bewegen, obschon sein König nicht im Schach steht, also nicht von einer feindlichen Figur angegriffen ist.» Erich erklärt das an einem Beispiel *(Diagramm 13)*.

Schwarz am Zug. Aber wohin mit dem König? Schachmatt ist er nicht, denn keiner der weißen Steine greift ihn unmittelbar an, aber er kann auf kein Feld, das nicht vom gegnerischen König oder dem Bauern auf c7 beherrscht ist. Also eine Pattstellung, es gibt keinen Sieger.

Anders sähe es aus, wenn Weiß am Zug wäre: Der König ginge z.B. auf b6 (oder d6), Schwarz mit dem König auf d7, worauf Weiß Kb7 spielt und im nächsten Zug den Bauern c7–c8 in eine Dame umwandelt.

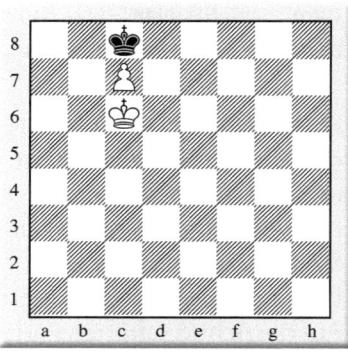

Diagramm 13

Das Remis durch Dauerschach

«Unentschieden durch Patt gibt es selten», erklärt Erich. Aber viele Partien enden unentschieden, wenn sich zwei Spieler auf ein Remis einigen, weil sie nur noch wenige in etwa gleichwertige Figuren auf dem

Brett haben. Unentschieden endet eine Partie auch nach dreimaliger *Zugswiederholung.* Schauen wir uns dazu ein Beispiel an.» Erich stellt ein paar Steine aufs Brett *(Diagramm 14).*

Lisa sieht, dass Weiß viel besser steht und dass Schwarz keine Chance hat, die Partie zu gewinnen. «Wenn die weiße Dame den Bauern g7 schlägt, ist die Partie fertig, richtig?»

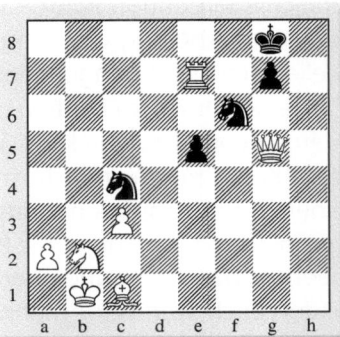

Diagramm 14

«Genau, das hast du sehr gut gesehen», lobt Erich. «Hier ist aber Schwarz am Zug und könnte eigentlich gleich aufgeben. Was wäre dein Vorschlag, wenn du mit Schwarz den nächsten Zug machen müsstest?»

«Hm, ich weiß nicht, vielleicht den Springer auf e8 stellen?» Lisa findet das Problem nicht besonders spannend.

«Nicht schlecht, dann dauert die Partie noch ein paar Züge länger. Aber denk mal nicht nur ans Verteidigen, sondern an Angriff! Hier kommt Schwarz ein glücklicher Umstand zu Hilfe: Wenn der Springer auf a3 zieht und den weißen König auf b1 angreift *(Diagramm 15),* ist dieser gezwungen, auf a1 zu ziehen. Wenn dann der Springer auf c2 geht und den König erneut angreift *(Diagramm 16),* bleibt dem armen König nichts anderes, als auf Feld b1 zurückzugehen. Springer dann wieder auf a3, König auf a1, Springer auf c2 usw. So könnte es ewig weitergehen, doch das würde mit der Zeit doch etwas langweilig, nicht wahr? Deshalb gilt: Nach dem dritten gleichen Zug hintereinander ist fertig lustig! Die Partie endet remis, also unentschieden!»

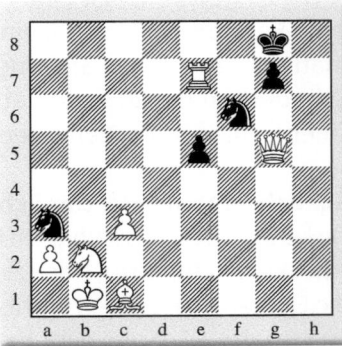

Diagramm 15

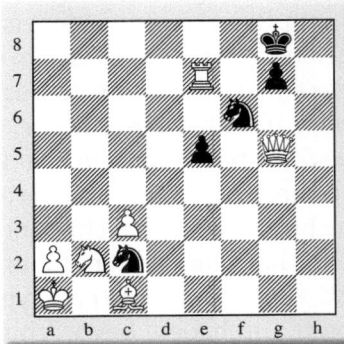

Diagramm 16

Die 50-Züge-Regel

Erich kommt noch eine weitere Variante in den Sinn, wie eine Partie unentschieden enden kann – nebst Patt, Remis nach Vereinbarung und Zugswiederholung: «Es kommt vor, dass ein Spieler außer dem König und vielleicht einem Springer oder Läufer keine Figuren mehr besitzt, um eine Partie gewinnen zu können, sein Gegner aber nicht weiß, wie er seinen Materialvorteil nutzen kann. Wenn beispielsweise der eine Spieler außer dem König noch einen Turm oder zwei Läufer oder einen Läufer und einen Springer auf dem Brett hat und sein Gegner nur den König, wird von diesem Moment an die Partie nach maximal 50 weiteren Zügen als beendet betrachtet und unentschieden gewertet. Das ist wie im Fußball, erklärt Erich, wenn eine Mannschaft aus Dutzenden von Torchancen kein Tor erzielt und der Gegner nur verteidigt, endet das Spiel remis.

Nicht zu gewinnen ist eine Partie mit nur noch einem Läufer oder mit zwei Springern allein. Mit einem *Läuferpaar* ist es möglich, den Gegner mattzusetzen. Diese Stellung ergibt sich allerdings extrem selten und erfordert an die 20 systematisch gespielte Züge (S. 60). So viel zu den Unentschieden-Partien», beendet Erich seinen Vortrag.

Schachmatt als Ziel der Schachpartie

Du kennst nun die wichtigsten Regeln des Schachspiels», eröffnet Erich nach einer kurzen Trinkpause den zweiten Teil des Schachabends. «Du weißt, wie die Figuren marschieren und feindliche Steine schlagen können und dass es im Schachspiel darum geht, den gegnerischen König mattzusetzen. Du hast gelernt, dass man alle Figuren auf dem Brett schlagen kann, nur nicht den König. Dieser wird angegriffen, und wenn es gelingt, ihn mit dem Angriff so gefangenzunehmen, dass ihm kein Ausweg bleibt, ist die Partie entschieden, der König ist schachmatt. Das Mattsetzen bereitet den meisten Anfängern zunächst etwas Mühe. Wie nagelt man den gegnerischen König fest? Ich habe dazu ein paar Übungen für dich gespeichert.»

«Genau», bestätigt Lisa, «wann der König mattgesetzt ist und wann nicht, ist mir noch nicht hundertprozentig klar.»

Erich hat sein Tablet mitgebracht, auf dem eine Schach-App installiert ist. «Zuerst noch ein paar typische Mattbilder, die wir auf dem Schachbrett anschauen, bevor ich dich die Übungsbeispiele lösen lasse.» Er wischt alle Figuren vom Brett und stellt nur zwei Könige und eine Dame hintereinander auf eine Linie. «Beispiel 1», bemerkt er, «die Dame setzt den König auf dem Feld c8 matt *(Diagramm 17)*. Der König kann nirgends hin, höchstens über den Brettrand springen, und er darf die Dame auf c7 nicht schlagen, weil der gegnerische König auf c6 steht und seine Dame schützt. Ein klares Matt. Hast du dazu eine Frage?»

«Nein, das ist klar», entgegnet Lisa überzeugt.

«Beispiel 2 *(Diagramm 18)*. Der weiße König beherrscht die Felder b7, c7 und d7, die darf der schwarze König, der auf c8 steht, nicht betreten. Der weiße Turm auf a8 greift ihn an und beherrscht die ganze achte Reihe. Also?», fragt Erich.

Lisa muss nicht lange überlegen: «Auch schachmatt.»

«Gut, Beispiel 3 *(Diagramm 19)*. Auch ein Bauer kann den gegnerischen König mattsetzen. Siehst du hier einen Ausweg für Schwarz?»

«Nein, der Bauer b7 bietet Schach, und der weiße König schützt die beiden Bauern.» Einen Moment hat Lisa gezögert, doch dann erinnert sie sich, dass die Bauern geradeaus ziehen, aber schräg schlagen. Also ist d8 kein Fluchtfeld für den schwarzen König.

«Fein, dann noch Beispiel 4 *(Diagramm 20)*. Du siehst, dass man auch mit nur einem Läufer und dem Springer mattsetzen kann.»

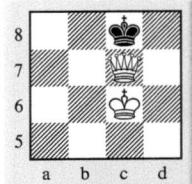 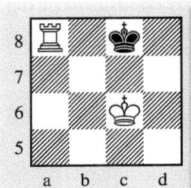 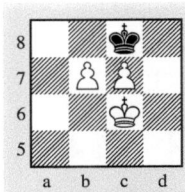 

Diagramm 17   Diagramm 18   Diagramm 19   Diagramm 20

Lisa ist froh um diese Beispiele und glaubt, definitiv begriffen zu haben, wie ein Schachmatt aussieht.

«Jetzt kannst du zeigen, wie viel du schon gelernt hast. Ich bin gespannt, wie du die folgenden Aufgaben löst.» Erich tippt auf seinem Tablet herum und erklärt Lisa, dass sie die Lösung der sechs Aufgaben auf einem Blatt notieren soll. «Ich bin etwas schulmeisterlich», sagt Erich selbstkritisch, «aber wenn du alle Aufgaben richtig löst, darfst du stolz auf dich sein.»

Das Prinzip bei jeder der sechs Aufgaben ist immer das gleiche: Sowohl Weiß als auch Schwarz setzen den Gegner in einem Zug matt. Es gibt also für jede Aufgabe eine richtige Lösung für Weiß und eine für Schwarz. Notiere zu jeder Aufgabe deine beiden Züge für Weiß und für Schwarz.

Matt im nächsten Zug

[Lösungen siehe nächste Seite]

Aufgabe 1

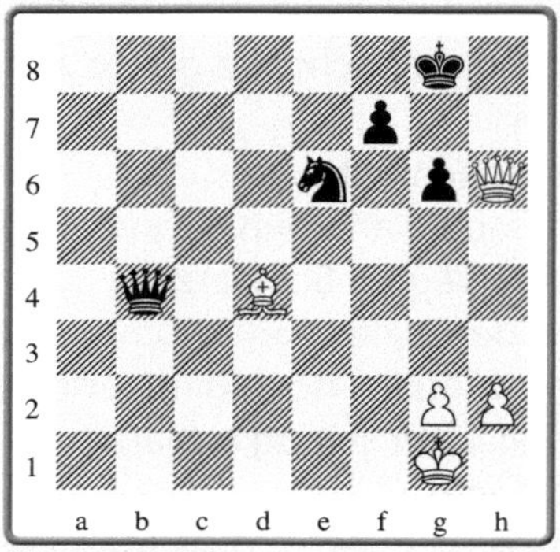

Diagramm 21

Weiß am Zug: _____

Schwarz am Zug: _____

Aufgabe 2

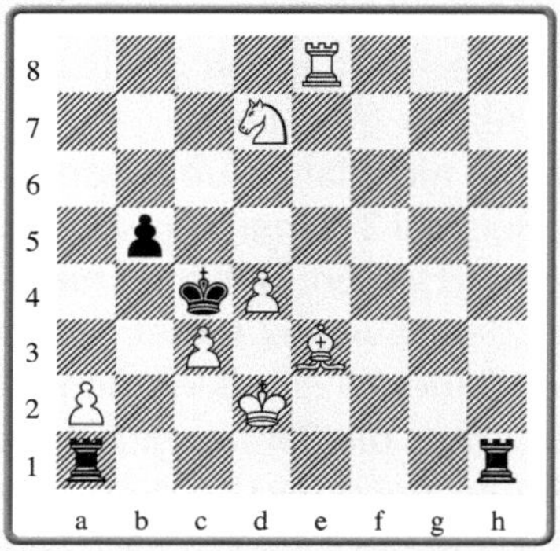

Diagramm 22

Weiß am Zug: _____

Schwarz am Zug: _____

Aufgabe 3

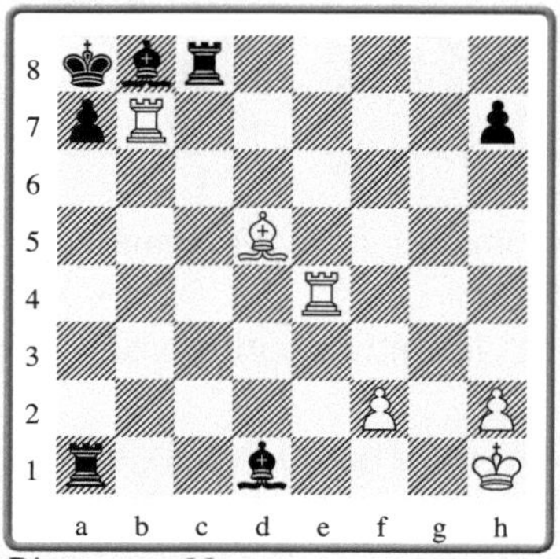

Diagramm 23

Weiß am Zug: _____

Schwarz am Zug: _____

Aufgabe 4

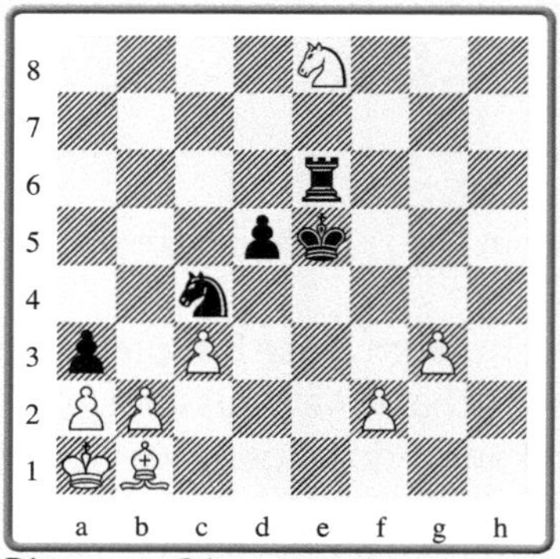

Diagramm 24

Weiß am Zug: _____

Schwarz am Zug: _____

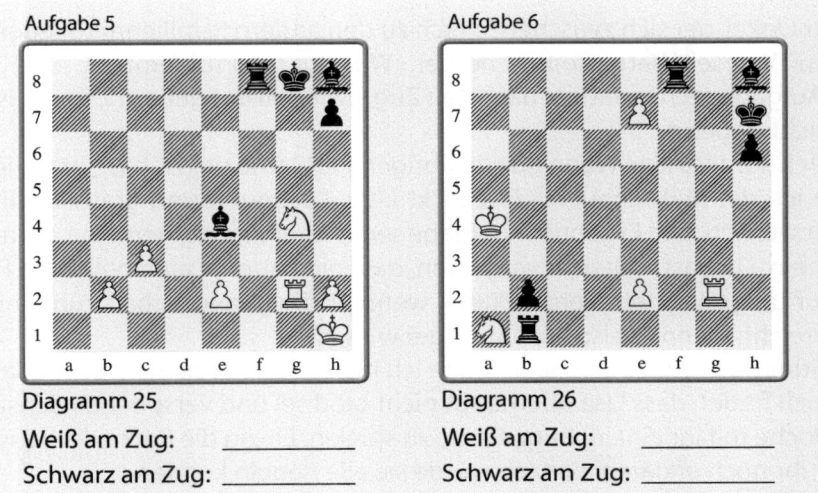

Aufgabe 5

Diagramm 25

Weiß am Zug: _____

Schwarz am Zug: _____

Aufgabe 6

Diagramm 26

Weiß am Zug: _____

Schwarz am Zug: _____

Lisa konzentriert sich auf die sechs Aufgaben. Die ersten beiden hat sie schnell gelöst, bei der dritten hat sie etwas Mühe und benötigt mehrere Minuten, bis sie den richtigen Zug findet, mit dem Weiß den König in der Ecke mattsetzen kann. Auch die vierte Aufgabe findet sie schwierig, bevor sie den entscheidenden Bauernzug sieht. Aufgabe Nummer fünf kommt ihr bekannt vor, die Sache mit der Fesselung hat sie nicht vergessen. Die letzte Aufgabe lässt sie rätseln. Mit Schwarz ist alles klar, der Bauer schlägt den Springer a1 und wird zur Dame. Aber mit den weißen Steinen stimmt etwas nicht. Wie soll sie da in einem Zug mattsetzen? «Erich», ruft sie, «ich komme nicht klar mit der sechsten Aufgabe!»

Lösungen

Aufgabe 1
Weiß: Dh8 ‡ (nicht Dh7 wegen Springer).
Schwarz: De1 ‡ (nicht Db1, sonst Kf2).

Aufgabe 2
Weiß: Sb6 ‡.
Schwarz: Txa2 ‡.

Aufgabe 3
Weiß: Tc7 ‡ (verhindert Tc8–c6).
Schwarz: Lf3 ‡.
Zwei Beispiele mit Abzugsschach.

Aufgabe 4
Weiß: f2–f4 ‡.
Schwarz: a3xb2 ‡.

Aufgabe 5
Weiß: Sh6 ‡ (Doppelschach).
Schwarz: Tf1 ‡ (Turm g2 ist gefesselt).

Aufgabe 6
Weiß: e7xTf8 Springer ‡
(nicht e7xTf8 Dame!).
Schwarz: b2xSa1 Dame ‡.

Ihr Onkel, der sich zwischenzeitlich zu den andern Familienmitgliedern am TV gesellt hatte, kommt herbei. «Wo liegt das Problem?»

«Aufgabe sechs, matt im nächsten Zug – wie soll das gehen?», fragt Lisa leicht genervt.

«Ach so, alles klar. Wenn du alle übrigen Probleme gelöst hast, gratuliere ich dir! Mal schauen.» Er checkt Lisas Lösungen und gratuliert ihr tatsächlich zum Ergebnis. «Aufgabe sechs ist ein wenig gemein», räumt er ein. Du hast vielleicht vergessen, dass ein Bauer in eine beliebige Figur umgewandelt werden kann, wenn er die gegnerische Grundlinie erreicht. Wenn er also zum Springer wird, dann…»

«Stimmt, bin ich blöd, daran habe ich nicht mehr gedacht», lacht Lisa.

Erich findet, dass Lisa überhaupt nicht blöd sei und verspricht, nächste Woche mit ihr eine richtige Partie zu spielen. Einzig die Rochade müsse er ihr noch erklären, danach würde sie alle Regeln kennen.

Wieder eine Woche später. Lisa hat in der Zwischenzeit im Internet nach Webseiten gesucht, auf denen die Rochade im Schach erklärt wird. Staunend hat sie festgestellt, dass es abertausende Webseiten gibt, die sich mit dem Thema Schach befassen; unzählige davon erklären die Schachregeln für Anfänger, die Rochade und verschiedene Eröffnungen, auf YouTube und diversen HomePages gibt es dazu Lernvideos.

Erich selber hatte sie ermuntert, sich im Internet ein wenig nach Stoff umzusehen, der für ihr Schachtraining nützlich sein könnte.

Rudi, ihr Schulfreund, war begeistert, als Lisa ihm verriet, dass ihr Onkel ihr Schach spielen beibringt. Er freute sich schon auf die ersten Partien, die sie am schulfreien Nachmittag spielen könnten. Auch er empfahl ihr, im Web nach Lernmöglichkeiten zu schauen, aber wichtiger sei das Schachspiel am richtigen Brett gegen reale Gegner. Wobei er vermutlich vor allem sich selber meinte.

Die Rochade

«Nun», fragt Erich, «hast du ein wenig üben können? Soll ich dir noch die Rochade erklären, bevor wir eine Partie spielen?»

Lisa lässt sich gerne noch einmal von ihrem Onkel zeigen, wie rochiert wird und wann nicht rochiert werden darf. «Gut», beginnt er, «du weißt, dass bei jedem Schachzug nur ein einziger Stein bewegt wird. Die Ro-

chade bildet die Ausnahme dieser Regel. Einmal pro Spiel ist es jedem Spieler erlaubt, mit seinem König und einem Turm einen *Doppelzug* auszuführen. Diese Ausnahme enthält eine weitere Abweichung von einer Regel, denn der König verschiebt sich dabei um *zwei Felder*. Davon abhängig, mit welchem der beiden Türme der König eine Rochade vollzieht, unterscheiden wir zwischen *kurzer* und *langer Rochade*, je nach-

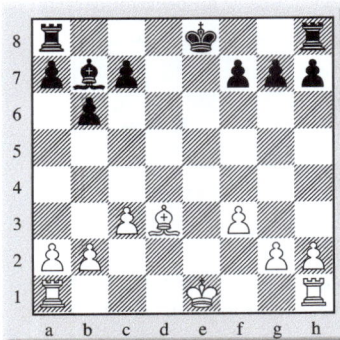

Diagramm 27
Stellung vor der Rochade

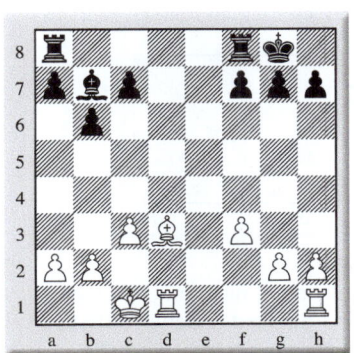

Diagramm 28
Weiß hat lang, Schwarz kurz rochiert

dem ob sie kurz mit dem Turm auf der h-Linie (auf dem Königsflügel) oder lang mit dem Turm auf der a-Linie (dem Damenflügel) erfolgt.»

Erich erklärt Lisa die Regeln, die für Rochaden gelten:

- Der König und der Turm, mit dem rochiert wird, dürfen vorher noch keinen Zug gemacht haben.
- Die zwischen König und dem Turm liegenden Felder müssen leer sein.
- Der König darf bei der Rochade nicht «im Schach stehen», und er darf beim Rochieren nicht über ein Feld ziehen, das von einem gegnerischen Stein beherrscht ist.
- Es muss zuerst der König gezogen werden, dann der Turm. In einem Turnierspiel könnte sonst ein regelstrenger Gegner darauf bestehen, dass nur der Turm gespielt werden darf.

Sinn und Zweck der Rochade

Die Rochade macht aus zwei Gründen Sinn: Erstens findet der König hinter den noch vorhandenen Bauern auf der zweiten bzw. siebten Linie einen Unterschlupf, nachdem sich die Zentrumsbauern ins Schlachtgetümmel begeben haben und ihm keinen Schutz mehr vor direkten Angriffen bieten, zweitens können nun die Türme wirkungsvoller ins Geschehen eingreifen, statt in ihrer Ecke zu verkümmern.

Außerdem ist es vorteilhaft, die Leichtfiguren Läufer und Springer zu einem möglichst frühen Zeitpunkt der Partie ins Spiel zu bringen, damit

Diagramm 29
Die kurze Rochade ist nicht möglich, weil der König über das Feld f1 ziehen müsste, das vom Läufer c4 beherrscht wird. Die lange Rochade ist nicht erlaubt wegen des Springers auf b1.

Diagramm 30
Auch hier ist weder die kurze noch die lange Rochade möglich, weil der König wegen des feindlichen Springers auf g2 «im Schach steht».

die Rochade vollzogen werden kann. In den meisten Schachpartien sind beide Spieler bestrebt, die Rochade rechtzeitig auszuführen.

Nach Erichs ausführlichen Erklärungen will Lisa endlich eine richtige Partie spielen.

«Ich bin nicht dein Oberlehrer», bemerkt Erich, «aber ich empfehle dir, alle Züge aufzuschreiben. Du hast dann die Möglichkeit, die Partie nachzuspielen und Fehler zu erkennen.»

Schachnotation (Teil 2)

Wie wir die einfachen Züge notieren, haben wir bereits gelernt, z.B. Bauer von e2 auf e4 (e2–e4 oder kurz einfach e4), Springer auf f3 (Sf3). Ein x steht für das Schlagen eines Steins, wenn z.B. Bauer a3 den Bauern b2 schlägt (siehe **Diagramm 24**): a3xb2‡ (oder axb2‡). Wenn ein gegnerischer Stein den König angreift, wird der Zug mit einem + notiert (oft auch mit dem Sterbekreuz †), ein Doppelschach mit ++, Schachmatt notieren wir mit ‡ oder «matt» (**Diagramm 23**, Schwarz zieht den Läufer auf f3: Lf3‡). Die kurze Rochade wird mit 0–0 notiert, die lange mit 0–0–0.

Schachpraxis und Strategie

Auch Lisas zweite, dritte und die folgenden Partien im Laufe der nächsten zwei Monate gegen Erich waren einseitig. Sie hatte einfach keine Chance gegen ihren Onkel. Sie kennt jetzt alle Schachregeln und ist in jedem Spiel bemüht, die Rochade auszuführen, aber Erich gelingt es immer wieder schon kurz nach der Eröffnung, ihren König unter Druck zu setzen, bevor sie ihre Läufer und Springer vernünftig ins Spiel bringen kann. Auch jetzt wieder, erst wenige Züge sind gespielt, muss sie zusehen, wie Erich mit dem Springer ihren Bauern auf f2 schlägt und gleichzeitig die Dame auf d1 und den Turm auf h1 angreift. Das Dumme dabei ist, dass sein Läufer auf c5 den Springer schützt. Sie würde also den Turm verlieren und bald auch die Partie.

Erich bemerkt ihren Frust und meint, dass es zu den Erfahrungen jedes Anfängers gehört, erst einmal Lehrgeld zu zahlen. «Frühestens in drei oder fünf Jahren bist du vielleicht so weit, dass du mich einmal schlagen kannst», sagt er, und das tönt so, wie wenn er ein Naturgesetz erklärt hätte. «Es würde dir nichts bringen, wenn ich meine Dame absichtlich stehen ließe, um dich gewinnen zu lassen, denn daraus lernst du nicht. Lass dich einfach nicht entmutigen!»

«Ja, klar», entgegnet Lisa. Ihre Schüchternheit und ihr großer Respekt vor Onkel Erich täuschen. Sie hat längst erkannt, dass das Schachspiel sie mehr fordert als alles, was sie bisher in ihrem Leben je gelernt hat. Das Denkspiel am Brett spricht sie mehr an als die sogenannten Strategiespiele am Computer gegen Wesen aus bizarren Welten, wo es um die Rettung der Menschheit geht und am Ende Millionen von Toten gezählt werden. Sie ist fest entschlossen, dazuzulernen und ihren Onkel nicht in drei oder gar erst in fünf Jahren erstmals zu besiegen.

Mit Rudi hat sie auch schon ein paar Partien gespielt und ähnlich klar verloren wie gegen Erich. Rudi war der Ansicht, dass sie für eine Anfängerin schon ganz gut spiele und wollte sie einmal mehr überreden, seinem Schachklub beizutreten. Das würde sie sich überlegen, versprach sie, zuerst wollte sie aber besser spielen lernen. Rudi empfahl ihr, sich im Internet oder einem Schachbuch die wichtigsten Eröffnungen anzuschauen. Ein bisschen Theorie sei ganz nützlich, meinte er.

«Was hältst du von Eröffnungstheorien?», fragt sie ihren Onkel. «Bringt es etwas, wenn ich ein Schachbuch für Anfänger lese?»

Erich lächelt: «Du willst es also wissen! Gut, ich bring dir nächste Woche ein kleines Schachbuch mit, aus dem ich früher viel gelernt habe. Es ist von einem Max Blau[1], und ich glaube nicht, dass man es heute noch im Buchhandel bekommt, denn ich habe das Buch von meinem Vater bekommen, als ich etwa so alt war wie du. Wer sich mit Schachstrategie befasst, sucht heute meistens zuerst im Internet nach Lernvideos oder lädt allenfalls ein E-Book herunter. Ich bin da noch etwas altmodisch, obwohl ich täglich am Computer arbeite, und ziehe es vor, in einem Buch zu blättern, das ich überallhin mitnehmen und bequem lesen kann.»

Erich hat Wort gehalten und Lisa eine Woche später das kleine, abgegriffene Schachbuch mitgebracht. Sie müsse das nicht auswendig lernen, meinte er, aber es enthält gute Beispiele und nützliche Tipps.

In den folgenden Wochen zieht sich Lisa nach dem Essen und nachdem sie ihre Schulaufgaben erledigt hat, häufig auf ihr Zimmer zurück und liest in dem alten Schachlehrbuch für Anfänger. Ihre Eltern lassen sie gewähren, denn Lisas Verhalten gibt ihnen keinen Grund zur Sorge. Sie verbringt immer noch viel Zeit mit ihren Freundinnen und scheint in der Schule keine Mühe zu haben, dem Unterricht zu folgen.

Nur Erich bemerkt eine Veränderung. Lisa ist im Schach nicht mehr so leicht zu besiegen wie noch vor ein paar Wochen; er muss sich schon richtig konzentrieren, um sie nach zähem Widerstand mattzusetzen oder zur Aufgabe zu zwingen. «Lisa spielt schon echt gut», erzählt er eines Sonntagabends ihren Eltern, «ich muss aufpassen, dass sie mich nicht schon bald schlägt.»

Maya, seine Ehefrau, freut sich: «Super, Lisa, das wäre fantastisch, wenn du den großen Meister einmal besiegen würdest!»

Eröffnungen, allgemein

Das kleine Schachbuch von diesem Max Blau erweist sich für Lisa als Offenbarung. Sie findet Erklärungen, welche Eröffnungen sich im Laufe der Schachgeschichte als besonders vorteilhaft erwiesen haben, welche typischen Eröffnungsfehler meist mit Figurenverlust oder frühem

---

1) Max Blau, Schach für Anfänger, 9. Aufl., Hallwag Verlag, Bern und Stuttgart, 1977

Schachmatt bestraft werden, welche grundsätzlichen strategischen Überlegungen man berücksichtigen sollte und wie konsequent man materielle und stellungsmäßige Vorteile bis zum erfolgreichen Mattangriff ausnutzen kann. Hat ihre Mutter womöglich recht, ist Schach wirklich eine Art Kriegsspiel und nicht für Mädchen wie sie geschaffen? Egal, denkt sie, das Brett mit den 64 Feldern und die unglaublich vielen Möglichkeiten, die sich aus einer Spielstellung heraus entwickeln können, faszinieren sie.

Es gibt drei Phasen einer Schachpartie, lernt sie aus dem Buch: die *Eröffnung*, das *Mittelspiel* und das *Endspiel*. Sie befasst sich zunächst mit den Eröffnungen und lernt, dass diese schon nach wenigen Zügen bereits als abgeschlossen gelten. Die ersten Züge einer Partie sollten dazu beitragen, im «Zentrum» Präsenz zu markieren und die Leichtfiguren – Springer und Läufer – ins Spiel zu bringen.

Ungeschriebene Regeln der Eröffnung

Bei den folgenden Tipps handelt es sich um Ratschläge für den Anfänger, damit er gegen stärkere Gegner zumindest in der Anfangsphase bis ins Mittelspiel hinein mithalten kann. Wenn er mit der Zeit etwas an Erfahrung hinzugewinnt, wird er in der Lage sein, auch Eröffnungsschwächen seines Gegners zu erkennen und auszunutzen.

- Sichere dir einen Platz im Zentrum. Überlass dem Gegner nicht durch allzu passives Spiel die wichtigen Zentrumsfelder.
- Beschränke die Bauernzüge auf ein Minimum. Unnütze Bauernzüge reißen Löcher in der eigenen Verteidigung auf und verzögern die Entwicklung der stärkeren Figuren.
- Verbaue dir nicht die Stellung. Läufer können das Spiel nicht beeinflussen, wenn ihnen die eigenen Bauern im Weg stehen.
- Bring die Dame nicht zu früh ins Spiel. Sie ist deine stärkste Waffe und sollte nicht aus einer schwachen Position heraus von der Jägerin zur Gejagten werden.
- Strebe frühzeitig die Rochade an. Bring deinen König in eine geschützte Position und damit auch einen Turm besser ins Spiel.
- Spiele nicht zu früh auf Angriff. Anfänger lassen sich gerne dazu verleiten, einen scheinbar vielversprechenden Angriff zu unternehmen und bezahlen diesen oft rasch mit Materialverlust.

● Du hast einen Plan, aber achte nicht nur auf die eigenen Züge, sondern auch auf diejenigen deines Gegners, denn auch er hat ganz bestimmte Absichten. Versuche, seinen Plan zu erkennen und überlege, wie du ihn durchkreuzen könntest.

Beispiel eines verfrühten Angriffs
Lisa blättert weiter und findet in einem Beispiel genau die Züge, die sie neulich in einer Partie gegen Rudi gespielt hat. Sie hat die Dame früh ins Spiel gebracht und forsch auf Angriff gespielt, doch Rudi hat sie cool ausgekontert.

Weiß   Schwarz
1. e4   e5
2. Lc4   Sc6
3. Dh5?
Das Fragezeichen hinter Dh5 steht für fragwürdig oder für schlecht. Weiß verstößt gegen zwei Regeln: Die Dame kommt schon sehr früh (zu früh!) ins Spiel, den scheinbar gefährlichen Mattangriff (Dxf7‡) kann Schwarz leicht abwehren.
3. ...   g6
4. Df3
Weiß hält an seinem Plan fest.
4. ...   Sf6
5. Db3   Sd4!
Weiß versucht immer noch, f7 anzugreifen. Besser wäre 5. d3 gewesen. Nun wird es spannend: Schwarz verzichtet darauf, f7 zu schützen und geht mit Sd4! (das Ausrufezeichen steht für einen besonders guten, überraschenden Zug) zum Gegenangriff auf die Dame über *(Diagramm 32)*!

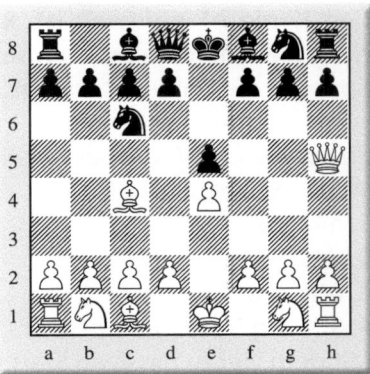

Diagramm 31, nach 3. Dh5

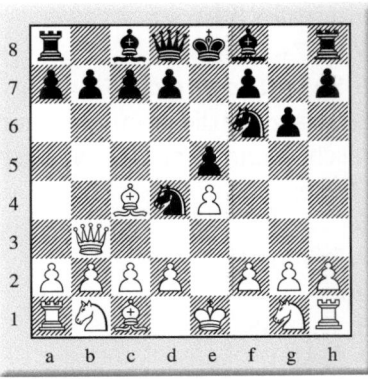

Diagramm 32, nach 5. Db3 Sd4!

35

6. Dc3

(nach 6. Lxf7+ Ke7; 7. Dc4 b5 müsste die Dame den Läufer f7 im Stich lassen, der dann eine Beute des schwarzen Königs würde).

6. ... d5!

7. Lxd5 Sxd5

8. exd5 Lf5

9. d3 Lb4!

Diagramm 33: Schwarz erobert die Dame! Nach 10. Dxb4 (da die Dame an den König e1 gefesselt ist, kann sie nicht fliehen) folgt Sxc2+, wonach der Springer die Dame b4 schlägt.

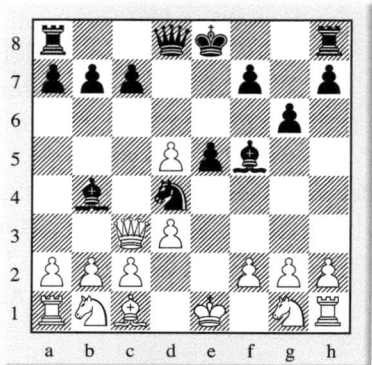

Diagramm 33, nach 8. d3 Lb4!

Zu passives Spiel wird bestraft

Weiß Schwarz

1. e4 d6

2. d4 Sd7

3. Lc4 g6

4. Sf3 Lg7? *(Diagramm 34)*

Mit dem viel zu passiven Start hat Schwarz dem Gegner das Zentrum überlassen und wird dafür erbarmungslos bestraft.

5. Lxf7+ Kxf7

6. Sg5+ *(Diagramm 35)*

Schwarz hat die Wahl zwischen einem raschen Ende und dem Verlust der Dame:

6. ... Kf6

7. Df3 matt

oder

6. ... Kf8 (oder Ke8)

7. Se6!

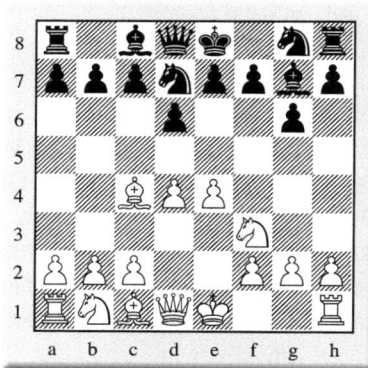

Diagramm 34, nach 4. Sf3 Lg7?

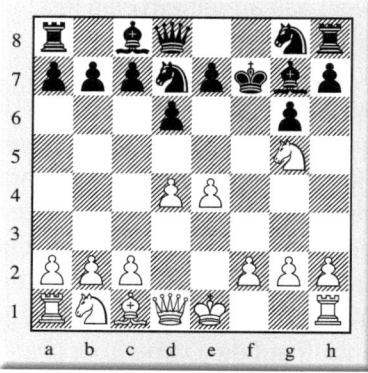

Diagramm 35, nach 6. Sg5+

Unnütze Bauernzüge

Weiß   Schwarz
1. e4   e5
2. Se2   Lc5
3. f4   Df6
4. c3 *(Diagramm 36)*

Besser wären 4. d3 oder Sb1–c3 gewesen. Der Springer e2 verstellt zudem dem Läufer f1 den Weg, und eine Rochade auf dem Königsflügel kommt jetzt kaum noch infrage.

4. ...   Sc6
5. g3   Sh6
6. Lg2   Sg4

Es droht die *Springergabel Sf2:* sowohl die Dame d1 als auch der Turm h1 wären angegriffen.

7. Tf1   Sxh2
8. f4xe5? *(Diagramm 37)*

Das sieht auf den ersten Blick noch passabel aus, doch nun folgt *Matt in zwei Zügen:*

8. ...   Dxf1+!
9. Lxf1   Sf3 matt

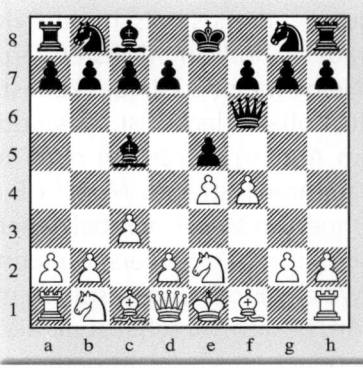

Diagramm 36, nach 4. c3

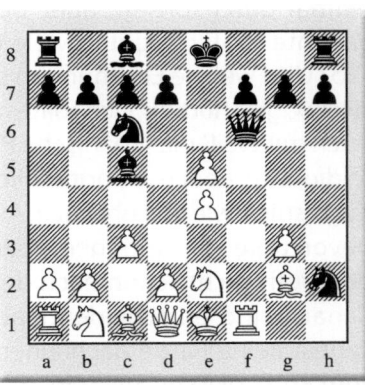

Diagramm 37, nach 8. f4xe5

Bekannte Eröffnungen

Als Lisa das Kapitel «Eröffnungen» aufschlägt, staunt sie über das große Angebot an bekannten Eröffnungen. Sie vergleicht im Internet, ob dort die gleichen Eröffnungen aufgeführt sind wie in der alten Schachfibel. Es könnte ja sein, dass in den letzten Jahren neue Varianten dazugekommen sind, doch auf Wikipedia findet sie die gleichen Namen von Eröffnungen wie «Italienische Partie», «Spanische Partie», «Russische Partie» und so geheimnisvolle Bezeichnungen wie «Philidor-Verteidigung», «Königsindisch» oder «Nimzoindisch». Muss ich das alles wissen, fragt sie Rudi am nächsten Tag.

«Nein», meint Rudi, «das kannst du dir sowieso nicht alles merken. Wenn du Profi werden willst, musst du dich da mit der Zeit durcharbeiten, aber am Anfang würde ich mich nur auf die zwei oder drei einfachsten Varianten festlegen. Manche Eröffnungen führen zu komplizierten Stellungen im Mittelspiel, bei denen du noch mehrere Nebenvarianten kennen musst. Da verlierst du schnell den Überblick.»

«Welche Eröffnungen soll ich mir also merken?», will Lisa wissen.

«Am besten, du schaust dir die ‹Italienische› und die ‹Spanische Partie› genauer an, vielleicht dann noch die ‹Sizilianische Verteidigung›, weil die oft gespielt wird», rät Rudi ihr. «Die andern kannst du natürlich auch einmal durchspielen, aber besser, du kennst die eine oder andere Variante relativ gut, statt viele Varianten relativ schlecht», grinst er.

«So? Und welche Eröffnungen spielst du? Kennst du alle Varianten?»

«Nein», gibt Rudi zu, «ich sollte mich mehr damit befassen. Meistens spiele ich mit Weiß die ‹Spanische Partie›, mit Schwarz die ‹Sizilianische Verteidigung›, aber es hängt schließlich vom Gegner ab, ob er die gleichen Züge spielt wie im Lehrbuch. Auch die Schachmeister spielen meist ihre bevorzugten Eröffnungen, aber geh einfach davon aus, dass die Partien der Profis nicht schon nach der Eröffnung entschieden sind. Die Züge danach sind entscheidend, aber das ist ja das Gute am Schach: Du kannst keine Partie nach einem bestimmten Schema vom Anfang bis zum Ende planen. Ein Spiel gut zu eröffnen ist von Vorteil, danach bist du auf gute Ideen angewiesen.»

Manchmal wundert sich Lisa über Rudi, wenn er so altklug daherredet wie ein Großer, aber er kann auch blödeln wie die andern Gleichaltrigen. Sie ist froh, dass sie nicht Dutzende von Eröffnungen auswendig lernen muss.

Offene Spiele

Zuerst lernt Lisa zu unterscheiden zwischen *offenen, halboffenen* und *geschlossenen Spielen*. Offene Spiele beginnen mit dem Bauernzug von e2 nach e4, der von Schwarz mit dem Bauernzug e7–e5 beantwortet wird. Diese Art, ein Schachspiel zu eröffnen, ermögliche eine schnelle Entwicklung der Leichtfiguren Springer und Läufer, erfährt sie, und somit auch das frühzeitige Ausführen der Rochade. Es spricht also nichts dagegen, sich für offene Spiele zu entscheiden, denkt Lisa. Zu den bekanntesten Eröffnungen dieser Kategorie gehören die Spanische und die Italienische Eröffnung.

Italienische Eröffnung
Lisa wählt als erste die Italienische Variante, weil Rudi ihr die empfohlen hat.
1. **e4 e5**
2. **Sf3 Sc6**
3. **Lc4 Lc5** *(Diagramm 38)*
Damit ist die Italienische Eröffnung abgeschlossen. Weiß am Zug könnte nun rochieren oder versuchen, das Zentrum zu verstärken. Die ruhigste, aber etwas passive Fortsetzung ist
4. d3 d6

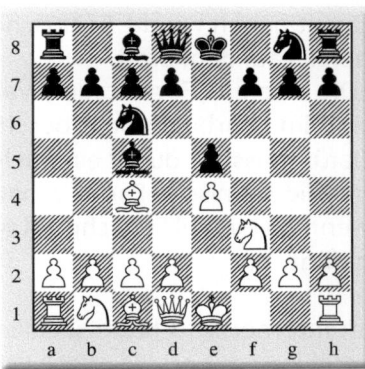

Diagramm 38

Häufige Fortsetzung:
4. c3 (um d4 vorzubereiten)
4. ... Sf6
5. d4 exd4
Schwarz wird praktisch dazu genötigt, d4 zu schlagen.
6. c3xd4 Lb4+
7. Ld2 d5 *(Diagramm 39)*

Es entwickelt sich ein ausgeglichenes Spiel, oft mit der Zugfolge
8. exd5 Lxd2+
9. Sb1xd2 Sxd5
10. 0-0 0-0

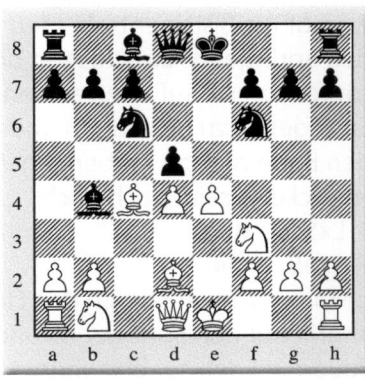

Diagramm 39

Nicht selten ergibt sich aus der scheinbar so ruhigen Italienischen Eröffnung heraus ein offener Schlagabtausch.

Spanische Eröffnung

Das ist die Eröffnung, die Erich meistens spielt, erkennt Lisa. Jetzt wollen wir mal sehen, wie ich mit Schwarz am besten darauf antworte.

1. **e4   e5**
2. **Sf3   Sc6**
3. **Lb5   ...** *(Diagramm 40)*

Damit haben wir die Spanische Partie bereits auf dem Brett.

«Die vielen Fortsetzungsvarianten sind im Lehrbuch nicht beschrieben.

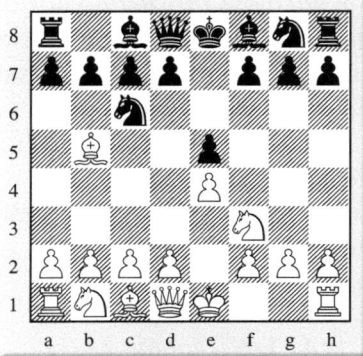

Diagramm 40

Dafür müsstest du dir ein Buch besorgen, das auf über hundert Seiten nur die Spanische Partie behandelt», hat ihr Rudi erzählt. «Wie gesagt, wenn du einmal Schachprofi werden willst...», hatte er lachend hinzugefügt.

Im Internet sind hauptsächlich zwei Fortsetzungsarten erwähnt: die *geschlossene* und die *offene Verteidigung* in der Spanischen Partie.
Meist verteidigt Schwarz mit

3. ...   **a6**

worauf Weiß sich entscheiden muss, den Springer c6 zu schlagen oder den Läufer vorerst auf a4 zu ziehen. Den Springer c6 zu beseitigen und dann den Bauern e5 zu erobern, mag verlockend sein, doch nach

4. LxSc6   dxc6
5. Sxe5   Dd4

gewinnt Schwarz durch den Doppelangriff auf den Springer e5 und den Bauern e4 den soeben verlorenen Bauern rasch zurück. Besser also ist

3. ...   a6
4. La4   Sf6
5. 0–0   Le7 *(Diagramm 41)*

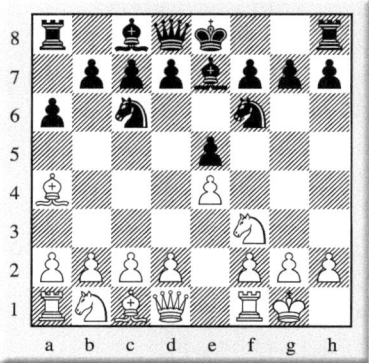

Diagramm 41

Pastell nach einem Kupferstich v. 1772 von A. de St. Aubin

Rosemarie J. Pfortner, www.kunstundschach-rjp.com

François-André Danican Philidor (genannt: André Danican Philidor «der Jüngere»)
* 7. September 1726 in Dreux, † 31. August 1795 in London, war ein französischer
Komponist und galt zu seinen Lebzeiten als bester Schachspieler der Welt. Heutzuta-
ge ist die Erinnerung an sein Musikschaffen verblasst, dafür ist er als grundsteinlegen-
der Vordenker modernen Schachs bekannt. Nach ihm ist eine Schacheröffnung, die
Philidor-Verteidigung, benannt. Auch eine Verteidigungsmethode im Turmendspiel
trägt seinen Namen [WIKIPEDIA].

Diese Variante gehört zur *geschlossenen Verteidigung*.

Häufig werden Spiele nach der Spanischen Eröffnung auch mit folgenden Zügen fortgesetzt:

3. ... **a6**

4. La4 Sf6

5. 0-0 Sxe4

Das führt zur *offenen Verteidigung,* oft mit den weiteren Zügen:

6. d4 b5

7. Lb3 d5

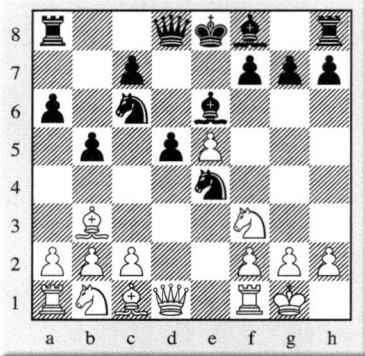

Diagramm 42

8. dxe5 Le6 *(Diagramm 42)*

Schwarz hat einen offensiven Springer auf e4, der aber leicht vertrieben oder abgetauscht werden kann, beispielsweise nach 9. Sd2. Die Stellung ist ausgeglichen, Weiß steht etwas kompakter.

Lisa blättert weiter im Schachbuch und klickt sich im Internet durch eine Vielzahl von Webseiten mit Eröffnungen der Kategorie *Offene Spiele*.

Philidor-Verteidigung

1. **e4 e5** 2. **Sf3 d6** 3. d4 Sd7 4. Lc4 c6 5. 0–0 Le7

6. Sc3 Sf6 (Schwarz steht stabil)

Königsspringergambit

1. **e4 e5** 2. **f4**

Weiß opfert einen Bauern, um die f-Linie für den Königsturm zu öffnen. Daraus ergeben sich komplexe Stellungen mit taktischen Problemen für beide Spieler. Beispiel einer möglichen Entwicklung:

2. ... e5xf4 3. Sf3 g5 4. h4 g4 5. Se5 Sf6 6. d4 d6

Wiener Partie

1. **e4 e5** 2. **Sc3 Sf6** 3. Lc4 Sxe4

4. Dh5 Sd6 5. Dxe5+ De7

Anschließend kommt es meist zum Damentausch. Die Stellungen sind ausgeglichen mit leichten Positionsvorteilen für Weiß.

Russische Partie
Die sieht interessant aus, denkt Lisa.
1. **e4   e5**
2. **Sf3   Sf6** *(Diagramm 43)*
3. Sxe5   d6
   (falsch wäre Sxe4 wegen
   4. De2 d5, 5. d3 De7,
   6. dxe4 Dxe5,
   7. e4xd5, womit Schwarz einen
   wichtigen Bauern verliert)
4. Sf3   Sxe4

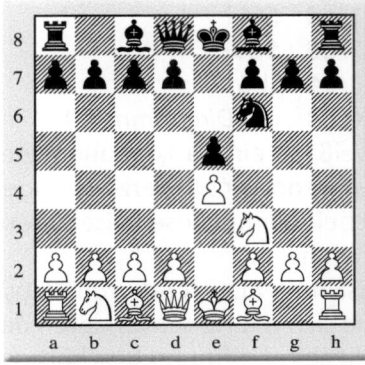

Diagramm 43

Lisa übergeht weitere Varianten der offenen Spiele wie die *Wiener Partie* und das *Nordische Gambit* – die nimmt sie sich für später vor – und studiert das Angebot an halboffenen Spielen. Rudi hat doch noch die *Sizilianische Verteidigung* erwähnt, die sie sich merken soll. Ob die hier zu finden ist?

Halboffene Spiele

Aus den halboffenen und geschlossenen Spielen ergeben sich meist komplexe Positionskämpfe, im Gegensatz zu den vorher beschriebenen offenen Spielen. Die halboffenen Spiele beginnen auch mit 1. e4, doch der Nachziehende antwortet darauf nicht mit dem naheliegenden e5.

Caro-Kann-Verteidigung
1. **e4 c6**   2. **d4 d5**   3. Sc3 d5xe4   4. Sxe4 Lf5

Französische Partie
1. **e4 e6**   2. **d4 d5**   3. Sc3 Sf6 4. Lg5 Le7
5. e5 Sd7 6. Lxe7 Dxe7

Aljechin-Verteidigung
Den Namen hat Lisa schon gehört. Das soll einer der ganz berühmten Meister gewesen sein. Sie bringt die Figuren auf ihrem Schachbrett in Startposition, um die Züge der Aljechin-Verteidigung nachzuspielen.

1. **e4   Sf6**
2. **e5   Sd5**
3. c4   Sb6
4. d4   d6 *(Diagramm 44)*

Weiß hat ein starkes Bauernzentrum, während der schwarze Springer eine scheinbar nutzlose Reise unternommen hat…

Lisa findet Dutzende von Webseiten, die sich mit Nebenvarianten der Aljechin-Eröffnung beschäftigen. Sie spielt erst einmal die klassische Variante mit dem Namen *Vierbauern-angriff* weiter:

5. f4   dxe5
6. fxe5   Sc6
7. Le3   Lf5
8. Sc3   e6
9. Sf3   Le7
10. Le2   0–0
11. 0–0   f6 *(Diagramm 45)*

Schwarz steht solid und wird nun versuchen, das weiße Bauernzentrum zu zerpflücken.

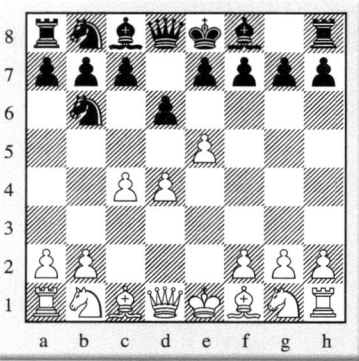

Diagramm 44

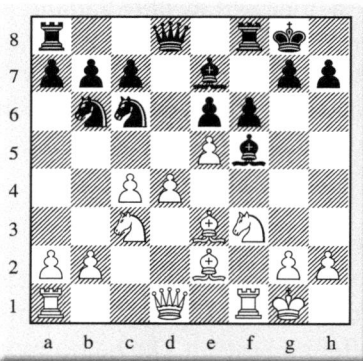

Diagramm 45

Sizilianische Verteidigung

Die berühmtesten Sizilianischspieler waren Bobby Fischer und Garri Kasparow, auch Magnus Carlsen (2013 Weltmeister geworden) bevorzugt diese Variante. Diese Eröffnung führt oft zu einem scharfen Kampf, liest Lisa auf einer Wikipedia-Seite und fragt sich, ob das die geeignete Variante für eine Anfängerin wie sie ist.

Zunächst ist sie überrascht, dass die Sizilianische Eröffnung schon nach dem ersten Gegenzug von Schwarz beendet sein soll:

1. **e4   c5**

Schwarz antwortet auf e2–e4 nicht mit dem üblichen e7–e5 wie bei den offenen Spielen, sondern mit c7–c5, und daraus soll sich ein völlig anderes Spiel entwickeln als bei der Italienischen oder Spanischen Partie? Tatsächlich ergeben sich sehr viele Fortsetzungsvarianten, wie Lisa bald feststellt. Sie spielt folgende Züge nach:

1. **e4   c5**
2. Sf3   d6
3. d4   c5xd4
4. Sxd4   Sf6
5. Sc3   a6
6. Lg5   e6 *(Diagramm 46)*

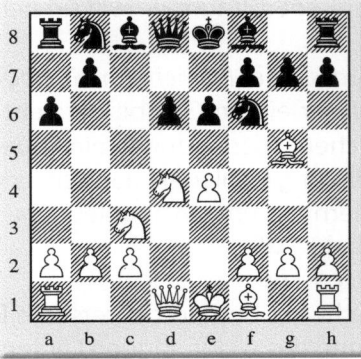

Diagramm 46

Lisa hat überraschendere oder aggressivere Züge der schwarzen Truppe erwartet. Statt dessen operiert Schwarz mit vielen Bauernzügen wie eine Fußballmannschaft, die nur verteidigen will.

7. f4   Le7
8. Df3   Sb8–d7
9. 0-0-0   Dc7

Okay, nun wird klar, dass Schwarz auch angreifen will.

10. Ld3   b5
11. Th1–e1   Lb7
12. Kb1   0-0 *(Diagramm 47)*

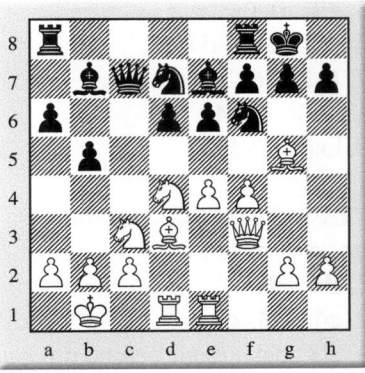

Diagramm 47

Stark, denkt Lisa. Nun kann Schwarz am Damenflügel voll angreifen, Weiß muss versuchen, die schwarze Superverteidigung am Königsflügel zu knacken. Spannend!

Geschlossene Spiele

Geschlossene Spiele beginnen mit dem Bauernzug d2–d4. Die geschlossenen Spiele bilden die größte der drei Gruppen von Schacheröffnungen und führen meist schon in der Anfangsphase einer Partie zu komplexeren Stellungen. Bekannteste Varianten sind die *Indischen Verteidigungen*, das *Damengambit* und die *Englische Eröffnung*. Aus diesen haben sich zahlreiche Neben- und Fortsetzungsvarianten gebildet wie die *Nimzoindische Verteidigung*, der *Angriff*, das *angenommene* und das *abgelehnte Damengambit*.

Lisa verzichtet darauf, sich in all die Varianten zu vertiefen, aber ein paar dieser Eröffnungen will sie sich einmal anschauen.

Klassisches Damengambit, abgelehnt

Unter einem Gambit versteht man eine Eröffnung, bei der aus taktischen Überlegungen ein Bauer dem Gegner überlassen wird. Wird der Bauer geschlagen, handelt es sich um ein angenommenes Gambit, andernfalls um ein abgelehntes.

1. **d4   d5**
2. **c4   e6**

Schwarz blockiert vorerst die Entwicklung des weißfeldrigen Läufers.

3. Sc3   Sf6
4. Lg5   Le7 *(Diagramm 48)*
5. e3   0–0
6. Sf3   Sb8–d7
7. Tc1   c6
8. Ld3   dxc4
9. Lxc4   Sd5

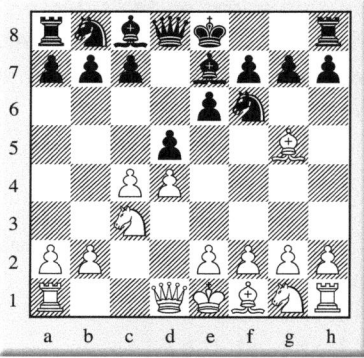

Diagramm 48

Klassisches Damengambit, angenommen

1. **d4   d5**
2. **c4   d5xc4**

3. Sf3 (die Rückeroberung des Bauern hat Zeit)

   …   Sf6
4. e3   e6 *(Diagramm 49)*
5. Lxc4   c5
6. 0–0   a6
7. De2   Sc6
8. Td1   b5
9. Lb3   c4
10. Lc2   Sb4

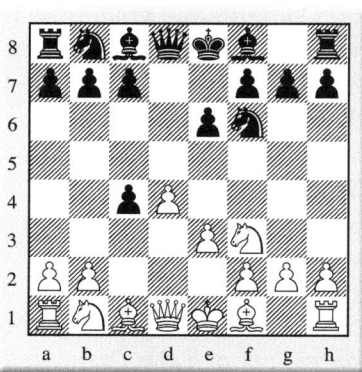

Diagramm 49

Königsindisch

1. **d4 Sf6**
2. **c4 g6**
3. **Sc3 Lg7** *(Diagramm 50)*

Schwarz überlässt dem Gegner das Zentrum in der Absicht, dieses später zu sprengen. Die Position des Läufers auf g7 nennt man Fianchetto (Flanke).

4. e4 d6
5. Sf3 0–0
6. Le2 Sb8–d7
7. 0–0 e5

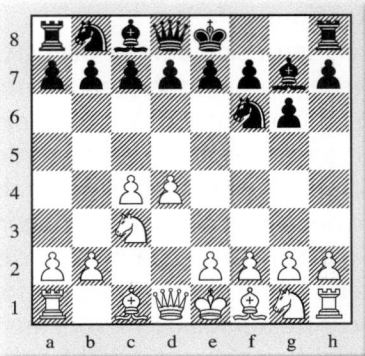

Diagramm 50

Damenindisch

1. **d4 Sf6**
2. **c4 e6**
3. **Sf3 b6**
4. g3 Lb7
5. Lg2 Le7 *(Diagramm 51)*
6. 0–0 0–0
7. Sc3 Se4
8. Dc2 Sxc3
9. Dxc3 f5

Leichte räumliche Vorteile für Weiß…

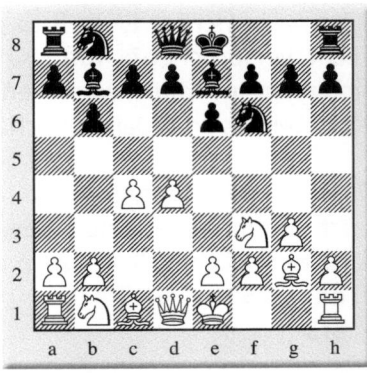

Diagramm 51

Nimzoindisch

1. **d4 Sf6**
2. **c4 e6**
3. **Sc3 Lb4** *(Diagramm 52)*

Mit Lb4 verhindert Schwarz wirkungsvoll den Vorstoß e4.

4. e3 c5
5. Sf3 0–0
6. Ld3 d5

Chancengleichheit für beide Parteien.

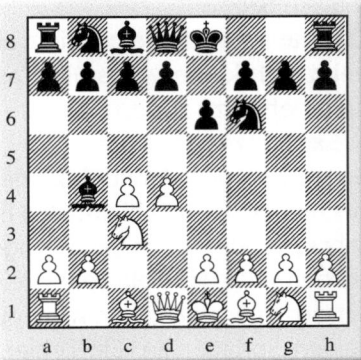

Diagramm 52

Eröffnungsfallen

Lisa freut sich auf die nächsten Partien mit Erich. Sie hat im Sinn, ihr neuerworbenes Wissen anzubringen und ihren Onkel, gegen den sie noch nie eine Partie gewonnen hat, mit der Russischen Eröffnung zu überraschen. Ihre Eltern wundern sich, dass sie den Mut noch nicht verloren hat, sich jeden Sonntagabend wie ein Opferlamm am Schachbrett in neue Niederlagen zu stürzen.

Selbst Erich ist erstaunt über den Eifer seiner Nichte, ihn in seinem liebsten Hobby unermüdlich zu fordern, und natürlich sind ihm die Fortschritte der Kleinen – vor einem halben Jahr erst hat er ihr das Schachspiel beigebracht – nicht entgangen. «Wenn es dir gelingt, mich vor Ende dieses Jahres zu besiegen, schenke ich dir ein nagelneues City-Bike», verspricht er. Er weiß, dass ein solches auf Lisas Wunschliste steht. «Echt, versprochen?», ruft Lisa entzückt. Sie hat das Gefühl, dass Erich sich nicht im Traum vorstellen kann, in den noch verbleibenden fünf Monaten bis Ende Jahr im Schach gegen sie zu verlieren.

Russische Partie mit Absturz

Erich eröffnet mit seinem gewohnten ersten Zug, und Lisa antwortet mit dem üblichen Gegenzug:

1. **e4   e5**

2. **Sf3**

Der erwartete zweite Zug von Erich. Nun spielt Lisa «russisch»:

2. ...   **Sf6**

Das hat sie noch nie gespielt, aber Erich zeigt sich keineswegs überrascht und spielt ohne zu zögern

3. **Sxe5** *(Diagramm 53)*

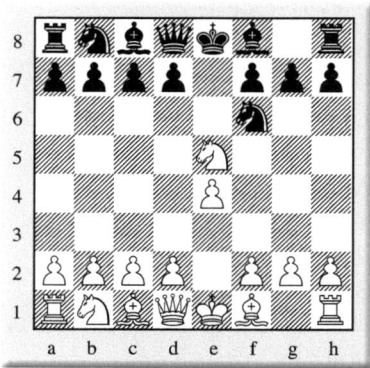

Diagramm 53

So weit so gut, denkt Lisa. Wie war das noch im Schachbüchlein? Den Bauern e4 schlagen oder zuerst den Springer e5 vertreiben? Also d6 spielen oder De7? Ach, ich schlage zuerst den Bauern, dann greife ich seinen Springer an. Ein Fehler, wie sich gleich herausstellt.

3. ... Sxe4?

Sie ist sich nicht sicher, ob das noch
konform ist.

4. De2

Lisa merkt, dass sie einen Fehler gemacht
hat. Also zurück mit dem Springer.

4. ... Sf6?

Noch ein Fehler, diesmal ein fataler…
(besser wäre d6)

5. Sc6+ *(Diagramm 54)*

«Das war russisches Roulette», lacht
Erich, als er Lisas Bestürzung sieht. Nach
dem *Abzugsschach* verliert sie die Dame.

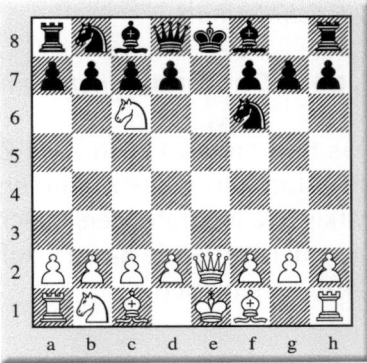

Diagramm 54

Lisas Ärger über das schnelle Ende der Partie ist bald verraucht. Den
gleichen Fehler würde sie nicht ein zweites Mal machen. Sie schaut sich
in der Folgewoche noch andere Eröffnungsvarianten an und entdeckt
dabei das *Seekadettenmatt* und das *Schäfermatt*, zwei Eröffnungsfallen,
in die sie garantiert nie tappen würde, nimmt sie sich vor.

Das Seekadettenmatt[1])

1. **e4   e5**
2. **Sf3   d6**
3. **Lc4   h6**
4. **Sc3   Lg4**

Und jetzt die Überraschung:

5. **Sxe5!   Lxd1?**
6. **Lxf7+   Ke7**
7. **Sd5 matt** *(Diagramm 55)*

Den Namen verdankt diese Eröffnungs-
falle der Operette «Der Seekadett», die
im Oktober 1846 in Wien uraufgeführt
wurde und in deren zweitem Akt eine
Lebendschachpartie mit den hier auf-
gezeichneten Zügen gespielt wurde.

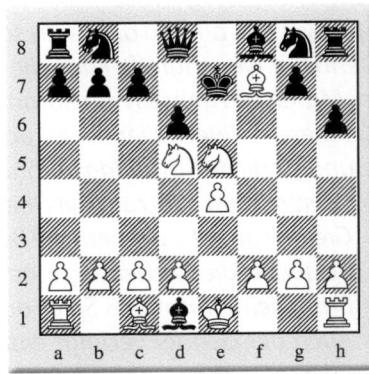

Diagramm 55

[1]) http://de.wikipedia.org/wiki/Seekadettenmatt

Das Schäfermatt
1. f4   e6
2. g4?   Dh4 matt! *(Diagramm 56)*

Das berühmte Matt in zwei Zügen –
der Alptraum jedes Anfängers. Es ist
wirklich keine gute Idee, gleich zu Be-
ginn der Partie die Bauern auf f4 und
g4 zu verschieben.

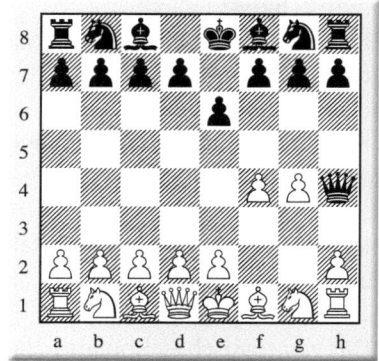

Diagramm 56

Das Mittelspiel

Lisa ist wieder in das kleine Schachbuch vertieft und liest, was dort über
das Mittelspiel steht.
Die Phase nach der Eröffnung lebt von der Gedankenwelt und Persönlich-
keit der Spieler, lernt sie.
Anfängern wird es darum gehen, einem stärkeren Gegner das Siegen so
schwer wie möglich zu machen, und sie neigen eher zu einer defensiven
Spielweise, während die etwas selbstsichereren Spieler den Angriff wählen.
Denn nur wer angreift, kann die Partie gewinnen. Logisch, findet Lisa.
Im Mittelspiel geht es nun darum, einen solchen Angriff vorzubereiten und
die diesem Zweck dienlichen positionellen Vorteile zu erlangen. Ein paar
grundsätzliche Ratschläge mögen dabei nützlich sein:
● *Versuche, im Zentrum die Oberhand zu erlangen.*
● *Greife schwache gegnerische Bauern und Figuren an, übe Druck auf sie aus.*
● *Versuche, die «siebente gegnerische Reihe» zu erobern.*
● *Bring deine Türme ins Spiel, am besten auf der d- oder e-Linie.*
● *Auch der Gegner verfolgt einen bestimmten Plan. Versuche, diesen zu*
   erkennen. Wenn du sein Spiel «lesen» kannst, lässt du dich nicht leicht
   überraschen.

Alles gute Ratschläge. Lisa wird klar, dass sich das Mittelspiel nicht systematisch lernen lässt. Rudi hat ihr per E-Mail ein paar Links geschickt

von Partien, die 1959 zwischen Bobby Fischer und Michail Tal im damaligen Jugoslawien an einem Kandidatenturnier für die Weltmeisterschaft gespielt wurden.

«Bei diesen Spielen ist es wie bei einem guten Tennismatch: Du lernst immer etwas, wenn du den Besten zuschaust.»

Wo Rudi bloß diese Webseiten gefunden hat?, wundert sich Lisa. Wieso findet er Partien so toll, die im vorigen Jahrhundert gespielt wurden? Sie nimmt sich eine Stunde Zeit und spielt die folgende Partie Zug um Zug nach. Sie ist bald fasziniert von der Komplexität der Stellungen, die sich auf dem Brett ergeben und überlegt, wie sie vielleicht den einen oder andern Zug gespielt hätte.

Fischer Tal [1]

1. **e4   c5**
2. **Sf3   d6**
3. **d4   cxd4**
4. **Sxd4   Sf6**
5. **Sc3   a6** *(Diagramm 57)*

Ich würde jetzt Lc4 spielen, überlegt Lisa und ist erfreut, dass dieser Zug tatsächlich als Nächster folgt.

6. **Lc4   e6**
7. **Lb3   Le7**
8. **f4   0-0**

Diagramm 57

Der Kampf ums Zentrum verschärft sich. Tal operiert aus einer soliden Verteidigung heraus.

9. **Df3   Dc7**
10. **0-0   b5** *(Diagramm 58)*

Nun würde ich a2–a3 oder Le3 spielen, denkt Lisa, doch mit dem folgenden Zug hat sie nicht gerechnet. Fischer verfolgt offenbar andere Pläne...

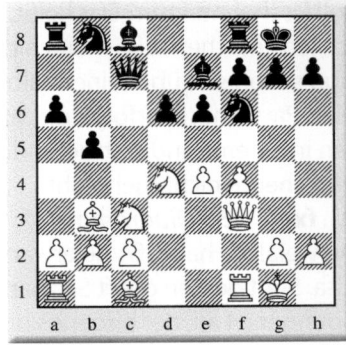

Diagramm 58

1)   www.letsplaychess.com/chessclubs/ltpgnviewer32/ltpgnboard.asp?GameID=2830713#.VB-hMB0hWEmU

11. **f5   b4**
12. **Sa4   e5**
13. **Se2   Lb7**
14. **Sg3   Sbd7**
15. **Le3   Lc6** *(Diagramm 59)*

Der Springer a4 steht ungünstig, auch
der etwas schwache Bauer e4 ist ein
Angriffsziel der schwarzen Steine.
Lisa betrachtet die Stellung und ist etwas
ratlos, wie sie mit den weißen Steinen
das Spiel fortsetzen würde. Vielleicht
den Bauern auf c3 stellen?

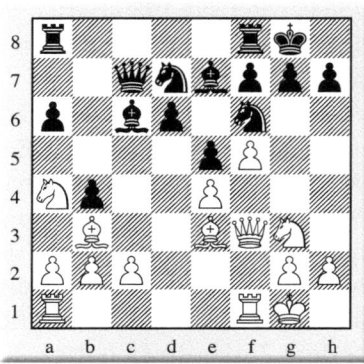

Diagramm 59

16. **Lf2   Db7**
17. **Tfe1   d5**
18. **exd5   Sxd5**
19. **Se4   Sf4**
20. **c4** *(Diagramm 60)*

b5–c3 könnte c4 en passant schlagen, hat
Lisa gelernt. Dann würde Weiß mit 21.
Sa4xc3 den gegnerischen Bauern eben-
falls schlagen…

20. **…   g6**

Tal ist also nicht darauf eingegangen. Was
soll Fischer nun tun? Das heißt, was würde
ich jetzt machen? Lisa merkt nicht, dass sie
nun schon seit über einer halben Stunde
eine Partie nachverfolgt, die vor Ewigkei-
ten in einem Land stattgefunden hat, das
es so heute nicht mehr gibt.

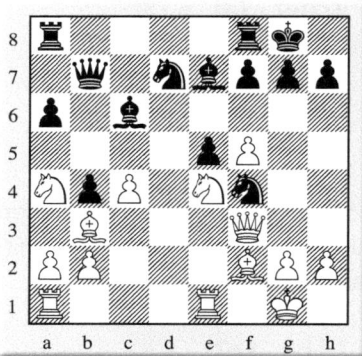

Diagramm 60

21. **fxg6   f5!** *(Diagramm 61)*

Au weia! Ich habe f7xg6 erwartet, denkt
Lisa. Statt dessen greift Schwarz den
Springer e4 an, der nirgends hin kann,
ohne dass die Dame auf f3 vom Läufer c6
angegriffen wird. Gibt es für Weiß noch
eine Chance?

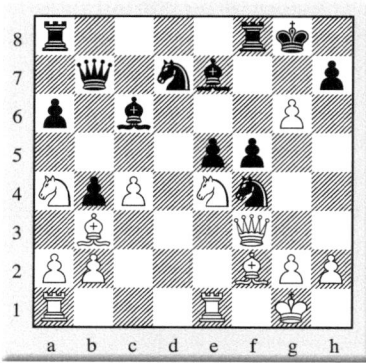

Diagramm 61

Lisa überlegt lange, sieht aber keine Rettung für den Springer e4. Auf den folgenden Zug wäre sie nicht gekommen:

22. **g7**　**Kxg7**
23. **Dg3+**　**Kh8**
24. **Se4–c5**　**Sxc5**
25. **Lxc5**　**Lxc5**
26. **Sxc5**　**Dc7** (Diagramm 62)

Fischer hat sich aus einer misslichen Lage mirakulös befreit und steht nach dem «Gemetzel» materiell gleich gut wie sein Kontrahent. Schwachpunkt: Es droht Tg8 mit Angriff auf die Dame g3 und das Feld g2.

27. **De3**　**Tae8** (Sxg2 bringt nichts wegen 28. Dxe5+ Dxe5 29. Txe5).
28. **Te2** (ein fast schon verzweifelter Versuch, das Feld g2 zu verteidigen).
28. ...　**Sxe2**
29. **Dxe2**　**Lxg2**
30. **Sxa6** (Diagramm 63)

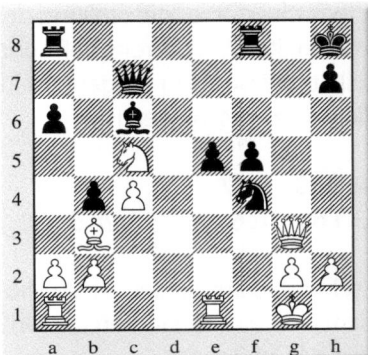

Diagramm 62

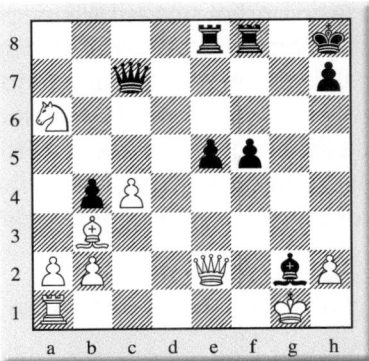

Diagramm 63, Schwarz am Zug

Die weiße Stellung ist höchst ungemütlich geworden. Der Läufer auf b3 ist wirkungslos, dem Springerangriff auf die Dame c7 kann sich Tal leicht entziehen. Lisa überlegt, ob Dg7 oder Dc6 besser wäre. Doch Tal wählte:

30. ...　**Da7+**
31. **Kxg2**　**Tg8+** (Diagramm 64)

Wohin mit dem König?

31. Kf1 geht nicht wegen Dg1 matt,
31. Kh1 Db7+ 32. Dg2 Dxg2 matt ist kaum besser;
31. Kf3 oder Kh3 sind die einzigen

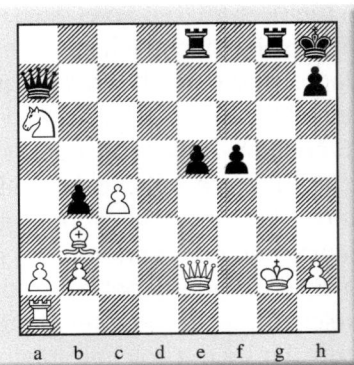

Diagramm 64

Alternativen, aber die Stellung der weißen Steine ist bereits hoffnungslos. Selbst für Lisa als Anfängerin ist klar, dass die Partie entschieden ist.

32. Kh3   Dg7
33. Ld1   Te6 *(Diagramm 65)*

Fischer gab auf. Gegen 34. ... Th6+ ist nichts mehr auszurichten (35. Dh5 Dg2+ 36. Kh4 Dxh2 matt).

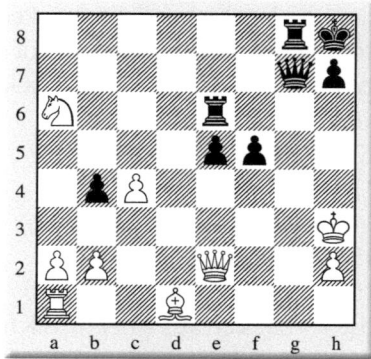

Diagramm 65, Schlussstellung

Lisa erkundigt sich auf Wikipedia nach den beiden Spielern und erfährt, dass Bobby Fischer 1959 gerade mal 16 Jahre alt war, als er diese Partie in Belgrad im Rahmen des Kandidatenturniers für die Weltmeisterschaft gegen den späteren Turniersieger Michail Tal bestritt. Tal gewann auch die drei Folgepartien gegen Fischer und löste ein Jahr später Botwinnik als Weltmeister ab. Fischer errang 1972 in Reykjavik nach dem «Kampf des Jahrhunderts» gegen Boris Spasski den Weltmeistertitel.

Schach mit Gabeln und Spießen

«Das war eine Superpartie, vielen Dank!», schreibt Lisa in einem E-Mail an Rudi und bezieht sich auf das Match zwischen Fischer und Tal. «Aber in meinem letzten Spiel gegen Erich hatte ich wieder keine Chance. Im Mittelspiel mache ich zu viele Fehler und verliere einen Turm oder die Dame, und danach bin ich nur noch am Verteidigen, bis er mich mattsetzt. Ich bin einfach zu doof.»
«Blödsinn», antwortet Rudi, «du brauchst nur ein wenig mehr Spielerfahrung. Ich schicke dir ein PDF mit ein paar Beispielen über Gabeln und Spieße, nichts Besonderes, aber viele Partien werden genau damit gewonnen oder verloren. Du musst versuchen, zu vermeiden, dass du in eine Springergabel läufst, das heißt, du musst mehr vorausschauen, welche Züge der Gegner plant. Die Beispiele habe ich aus dem Schachklub, wo sie mit solchem Material den Anfängern das ABC beibringen. Übrigens: Wann kommst du mal vorbei, im Klub, meine ich?»

«Ich denke darüber nach. Zuerst werde ich mir deine Gabeln und Spieße anschauen.»

Aber das kenne ich doch schon alles, denkt Lisa zunächst etwas enttäuscht, als sie die Diagramme betrachtet.

Doppelangriff

Im Mittelspiel geht es darum, Druck auf feindliche Steine zu machen. Der Doppelangriff ist ein solches Druckmittel, ein gleichzeitiger Angriff gegen zwei feindliche Steine, der besonders wirkt, wenn es sich bei einem der bedrohten Steine um den König oder um eine Schwerfigur wie zum Beispiel die Dame oder einen Turm handelt. Es gibt drei Arten von Doppelangriffen:
– die Gabel, zum Beispiel die Läufergabel, Springergabel, Turmgabel oder Damengabel.
– den Spieß und die Fesselung: Doppelangriff einer Linienfigur (Dame, Läufer oder Turm) gegen zwei hintereinander stehende Steine.
– den Abzug in Kombination mit einer Linienfigur, die den feindlichen König oder die Dame bedroht.

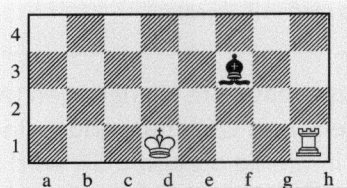

Läufergabel: Der schwarze Läufer greift gleichzeitig den feindlichen König und den Turm an.

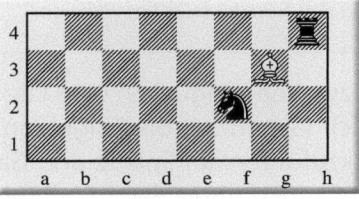

Läufergabel: Schwarz wird den Turm retten, kann aber den Verlust des Springers nicht verhindern.

Springergabel: Schwarz kann die Dame in Sicherheit bringen, verliert aber die Qualität (Turm gegen Springer).

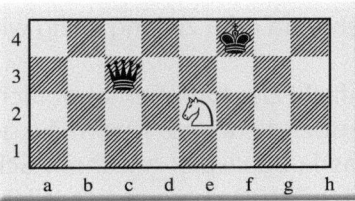

Springergabel: Hier verliert Schwarz die Dame.

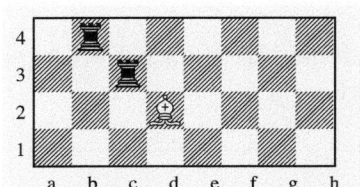

Läuferspieß: Schwarz verliert Qualität (Turm gegen Läufer).

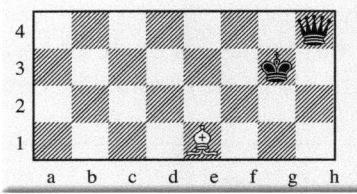

Läuferspieß: Weiß erobert die schwarze Dame.

Turmspieß: Weiß hat nun die Wahl zwischen Pech und Cholera: Dame auf d1 stellen und gegen den Turm tauschen oder den Turm h1 ersatzlos verlieren?

Abzugsschach: Ein Doppelangriff, bei dem für Schwarz mehr als nur der Damengewinn herausschaut. Schwarz setzt matt in 2 Zügen!

Beim zweiten Hingucken wird Lisa bewusst, dass ihre Niederlagen tatsächlich fast immer die Folge von Figuren- und Qualitätsverlust sind, zurückzuführen auf Spieße und Gabeln, in die sie oft gerät. Sie wird in Zukunft noch mehr darauf achten, nicht in solche Fallen zu geraten. Also noch ein wenig mehr vorausdenken, ganz einfach.

Ganz einfach? «Du lernst freiwillig Schach spielen», hat ihr Vater einmal gesagt, «also muss es dir Spaß machen. Wenn du merkst, dass es dir zu anstrengend oder zu langweilig wird, gibst du es einfach auf.»

So einfach! Lisa hat überhaupt nicht das Gefühl, dass Schach für sie zu anstrengend oder gar langweilig geworden ist. Aber jetzt freut sie sich auf das Fußballspiel mit ihren Schulfreundinnen und -freunden am nächsten Tag. Da kommt sie vielleicht wieder einmal zu einem Erfolgserlebnis.

Rudi hat noch mehr Material für Lisa, die nicht davon abzubringen ist, sich mit Lehrbeispielen auf der Stufe «Schach für Anfänger» zu befassen.

«Du bist zwar keine Anfängerin mehr», meinte er, «aber da habe ich noch ein paar Aufgaben, die ich im Schachklub lösen musste, nachdem ich als neues Mitglied ins Juniorenteam aufgenommen wurde. Wenn du die lösen kannst, bist du definitiv keine Anfängerin mehr!»

Lisa hat das Gefühl, dass Rudi ihr nur schmeicheln will, aber sie freut sich über die Aufmunterungen ihres Schulfreunds. Ob er sie wirklich schon für eine gute Schachspielerin hält? Sie schaut sich an, was er ihr geschickt hat:

Zu *Diagramm 66* haben folgende Züge geführt:

Weiß	Schwarz	Weiß	Schwarz
1. e4	e6	5. d4xc5	Sf6
2. d4	d5	6. Lg5	Le7
3. Sc3	c5	7. LxSf6	Lxf6
4. e4xd5	e6xd5	8. Dxd5??	

Aufgabe: Schwarz am Zug. Welcher ist am besten?

Lösung: _____

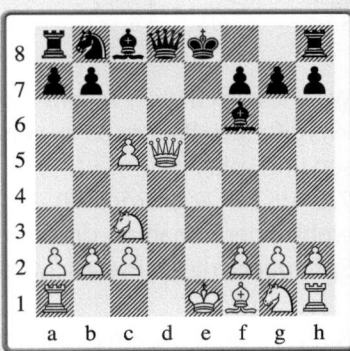

Diagramm 66, Schwarz am Zug

Ob ich die Aufgaben ohne große Mühe lösen kann?, überlegt Lisa und betrachtet das erste Diagramm. Sie hat gelernt, mit Schachdiagrammen umzugehen und kann einfachere Schachprobleme bereits lösen, ohne das Diagramm auf einem richtigen Schachbrett mit Figuren nachbauen zu müssen.

Schwarz am Zug kann die Dame d5 schlagen, worauf der weiße Springer die schwarze Dame schlägt. Das wäre ein Damentausch. Schwarz kann aber statt dessen auch mit dem Läufer den Springer c3 schlagen und Schach bieten. Dann ist die weiße Dame natürlich verloren! Klar, das muss die Lösung sein: sie notiert **Lxc3+**.

Das erste Problem hat Lisa tatsächlich mühelos gelöst, und sie schaut sich bereits die nächste Aufgabe an. Die sieht ähnlich aus, nur dass es sich um zwei Diagramme handelt.

Auch hier greift die weiße Dame zu früh an und bringt sich in eine heikle Situation.

Folgende Züge wurden gespielt, bis es zur Stellung wie im *Diagramm 67* kam:

Weiß	Schwarz	Weiß	Schwarz
1. e4	e5	4. Dxd4?	Sf6
2. Sf3	d5	5. e5	Se4
3. d4	e5xd4	6. Sc3	Lc5!

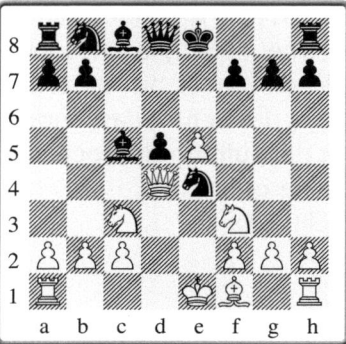

Diagramm 67: Weiß am Zug

Weiß lässt sich dazu verleiten, den «vergifteten» Bauern d5 zu verspeisen und spielt
7. Dxd5 ?? *(Diagramm 68)*, wohl in der Annahme, dass der Springer c3 die Dame ja schützt…

Aufgabe: Schwarz am Zug. Welcher ist am besten?

Lösung: _____

_____

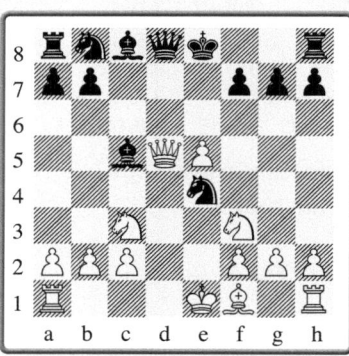

Diagramm 68: Schwarz am Zug

Bei der zweiten Aufgabe ist Lisa mehr gefordert. Der Vorteil für die schwarzen Steine ist offensichtlich, den Bauern f2 kann Weiß nicht verteidigen. Springer schlägt f2 oder Läufer schlägt f2 – welches ist der bessere Zug? Oder zuerst die Dame auf d5 schlagen?
Nein, die Dame zuerst schlagen, ist keine gute Idee, denn Springer c3 schlägt dann d5 und droht mit der Springergabel auf c7. Mal sehen, wenn ich mit dem Läufer den Bauern f2 schlage, muss der weiße König auf e2 oder d1, und wenn ich dann mit dem Springer e4 den weißen Springer c3 schlage, der die Dame auf d5 schützt, steht der weiße König im Schach… Genial, das ist die Lösung!

Lisas Antwort-Mail an Rudi lässt nicht lange auf sich warten: «Ich denke, ich habe die Aufgaben gelöst. Viel Zeit habe ich dafür nicht gebraucht, also bin ich vielleicht doch kein dummes Huhn :-)

Lösungen

Diagramm 66: **Lxc3+.** Der König muss auf d1 oder e2, die weiße Dame wird im nächsten Zug von der gegnerischen Dame geschlagen.

Diagramm 68: **Lxf2+.** Der König muss auf d1 oder e2, der schwarze Springer schlägt c3+, und im nächsten Zug schlägt die schwarze Dame die weiße Dame auf d5.

Hat Spaß gemacht. Hast du noch mehr solche Beispiele? LG»

Das Endspiel

Das Kapitel «Endspiel» aus dem kleinen Schachbuch für Anfänger, das ihr Erich geschenkt hat, hat sich Lisa noch aufgehoben. Früher hätte sie beim Begriff «Endspiel» an Fußball gedacht, aber natürlich weiß sie jetzt, dass im Schach von Endspiel die Rede ist, wenn nur noch wenige Steine auf dem Brett stehen, zum Beispiel je eine Dame, ein Springer oder Läufer und ein paar Bauern.

Die ersten Aufgaben findet Lisa einfach zu lösen, da geht es um Konstellationen, bei denen der eine Spieler noch den König und die Dame oder einen Turm zur Verfügung hat, der andere nur noch den König. Trotzdem spielt Lisa die folgenden Übungen durch.

König und Dame gegen König

In dieser Ausgangslage sind zwei Dinge zu beachten:
– Erstens kann die Dame allein den gegnerischen König nicht mattsetzen. Der eigene König darf nicht untätig irgendwo auf einem Feld bleiben und es der Dame überlassen, den feindlichen König zu jagen. Er darf nicht nur Zuschauer sein, sondern muss sich an der Mattsetzung beteiligen.
– Zweitens muss der gegnerische König systematisch an den Brettrand gedrängt werden. Im Zentrum findet er immer einen Fluchtweg.

Diagramm 69: Stell dir die weiße Dame auf einem beliebigen andern Feld auf dem Brett vor, und du wirst erkennen, dass der schwarze König immer noch einen Ausweg findet.

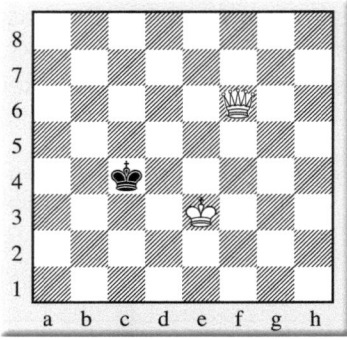

Diagramm 69

Weiß drängt also den schwarzen König systematisch an den Brettrand, indem abwechselnd die Dame und der König ziehen und dafür sorgen, dass dem schwarzen König immer weniger Fluchtfelder zur Auswahl bleiben:

1. **Dd6   Kb5**
2. **Kd3   Ka4**
3. **Db6   Ka3**
4. **Kc3   Ka4** *(Diagramm 70)*

Weiß bieten sich nun zwei Möglichkeiten zum Schachmatt: Dame geht auf a6 oder b4.

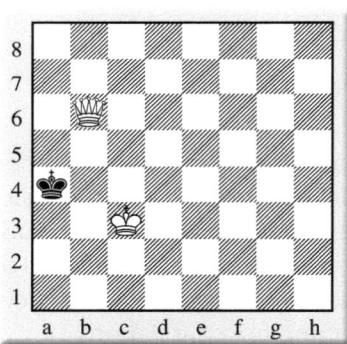

Diagramm 70

Lisa hat auch schon gegen sich selber gespielt und fand es gar nicht so einfach, mit Dame und König allein den andern König mattzusetzen. Das *systematische Vorgehen* hatte ihr gefehlt.

König und Turm gegen König

Mit einem Turm ist das Mattsetzen etwas schwieriger als mit der Dame, aber innerhalb von etwa 15 Zügen sollte es auch aus einer ungünstigen Startposition heraus zu schaffen sein. Ungünstig heißt, der mattzusetzende König steht auf einem der Zentrumsfelder. Er muss nun im Zusammenspiel mit dem eigenen König und dem Turm an einen Brettrand gedrängt werden. Dabei ist es wichtig, sich für eine bestimmte Richtung bzw. Ecke auf dem Schachbrett, in die man den fliehenden König drängen will, zu entscheiden. Im folgenden Beispiel entschließt sich Weiß, den gegnerischen König in die Ecke a8 zu drängen, um ihn dort mattzusetzen.

1.	Tb4	Ke5
2.	Tb5+	Kd6
3.	Ke4	Kc6
4.	Td5	Kb6
5.	Kd4	Kc6
6.	Kc4	Kb6
7.	Tc5	Ka6
8.	Tb5	Ka7
9.	Kc5	Ka6
10.	Kc6	Kb7
11.	Tb6	Ka8
12.	Kc7	Ka7

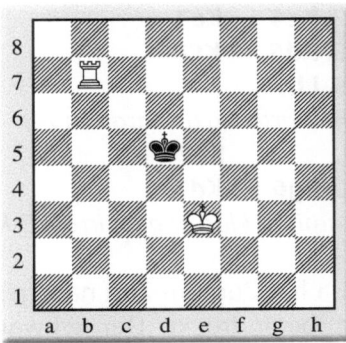
Diagramm 71

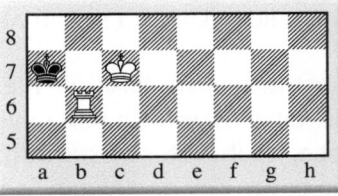
Diagramm 72

Diagramm 72: Der Turm muss einen **Wartezug** *einschieben, aber auf der 6. Linie bleiben, damit der schwarze König gezwungen ist, auf a8 zu gehen.*

13.	Te6	Ka8
14.	Ta6 matt	

König und zwei Läufer gegen König

Endspiele mit dem Läuferpaar gibt es in der Praxis äußerst selten. Weil die Frage aber berechtigt ist, ob ein Endspiel dieser Art zu gewinnen wäre und wie man vorgehen müsste, spielen wir den Fall einmal durch.

Diagramm 73: Bei diesem Exempel bieten sich die Ecken a8 oder h8 für den Mattangriff an.

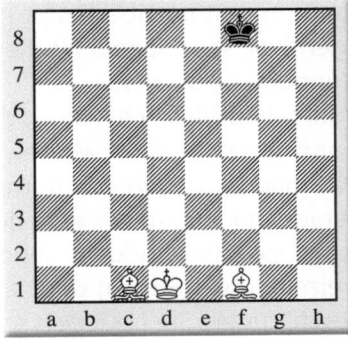
Diagramm 73

1.	Lh3	Ke7
2.	Lf4	Kf6
3.	Kd2	
	(der König muss mitmachen!)	
	...	Ke7
4.	Le5	Kf7
5.	Lf5	Ke7
6.	Ke3	Kf7

7. **Ke4 Ke7**
8. **Kd5 Kf7**
9. **Lh7**
Ein Wartezug (Diagramm 74) …

… **Ke7**
10. **Lg6 Kd7**
Damit ist klar: Es geht in die Ecke a8!

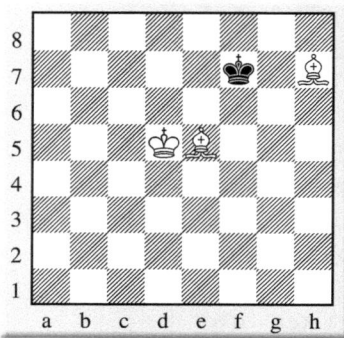

Diagramm 74, Schwarz am Zug

Lisa hat Zug um Zug nachgespielt und ist beeindruckt. Der schwarze König wird nie direkt angegriffen, aber sein Bewegungsradius wird immer kleiner. Weiß treibt ihn mit dem König und den beiden Läufern systematisch in die Ecke.

Ihre Mutter ruft: «Lisa, wo bleibst du denn? Wir warten!»
Sie hat alles um sich herum völlig vergessen und beeilt sich an den Esstisch, wo ihr Vater sie stirnrunzelnd anblickt: «Was machst du eigentlich die ganze Zeit an deinem Schachbrett?»
Lisa hätte ihm gern erklärt, wie spannend sie es findet, mit nur zwei Läufern den gegnerischen König in die Enge zu treiben, aber sie weiß, dass ihr Vater sich darunter nicht viel vorstellen kann. Sie sei an einem spannenden Schachproblem dran, sagt sie und fügt entschuldigend an, dass man dabei leicht die Zeit vergessen könne.
«Hoffentlich wird das nicht zur Gewohnheit», meint ihr Vater, «sonst müssen wir uns bald Sorgen machen.»
«Nein, müsst ihr überhaupt nicht», lacht Lisa. «Aber Schach finde ich irgendwie spannender als diese Ballergames, die viele in meiner Klasse stundenlang spielen.»
«Mal sehen. Vielleicht kannst du mir das Schachspiel einmal beibringen, wenn ich pensioniert werde», grinst der Vater.
Das mag Lisa an ihren Eltern: Sie wollen zwar immer wissen, was sie gerade macht und wie es in der Schule läuft, doch das ist schon in Ordnung. Sie lassen ihr genügend Gelegenheit, mit ihren Freundinnen die Freizeit zu verbringen oder sich ihrem neuen Hobby, dem Schach, zu beschäftigen. Sie freut sich schon auf die Fortsetzung von «König und zwei Läufer gegen König».

Wo bin ich stehengeblieben? Ach ja, der schwarze König ist auf d7 gegangen, und Weiß wird nun versuchen, ihn in die Ecke a8 zu drängen.

11. **Ld6** **Kc8**
12. **Kc6** **Kd8**
13. **Lf7** **Kc8**
14. **Le7** **Kb8**
15. **Kb6** **Kc8**
16. **Le6+** **Kb8**
Der Rest ist einfach: matt in 2 Zügen (Diagramm 75)!
17. **Ld6+** **Ka8**
18. **Ld5 matt**

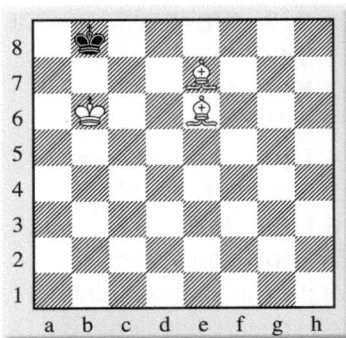

Diagramm 75, nach Kb8

König mit Läufer und Springer gegen König
Eine solche Endspielstellung sei noch schwieriger zu gewinnen als eine mit einem Läuferpaar, liest Lisa. Bei dieser Konstellation spiele es eine Rolle, ob du einen schwarz- oder einen weißfeldrigen Läufer zur Verfügung hast: *Bewegt sich der Läufer nur auf den schwarzen Feldern, müsstest du versuchen, den gegnerischen König in eine Ecke mit einem schwarzen Feld zu drängen, mit einem weißfeldrigen Läufer zwingst du ihn Richtung Eckfelder a8 oder h1. Das heißt nicht, dass der König nur auf einem Eckfeld dingfest gemacht werden kann, wie folgendes Beispiel zeigt.*

Diagramm 76: Es stehen ab jetzt höchstens 50 Züge zur Verfügung bis zum Matt, sonst ist remis!
1. **Ld3** **Kf6**
2. **Kd5** **Kf7**
3. **Ke5** **Kg7**
4. **Le4** **Kh8**
5. **Kf6** **Kg8**
6. **Ld3**
Wartezug, um den Springer zu mobilisieren.
6. **...** **Kh8**

Diagramm 76

7. **Se5 Kg8**
8. **Sf7 Kf8**
9. **Lh7! Ke8**
10. **Se5 Kf8** *(Diagramm 77)*
11. **Sd7+ Ke8**
12. **Ke6 Kd8**
13. **Kd6 Ke8**
14. **Lg6+ Kd8** *(Diagramm 78)*
15. **Sc5 Kc8**
16. **Ld3! Kd8**
17. **Se6+** *(Diagramm 79)*

Diagramm 77, Weiß am Zug

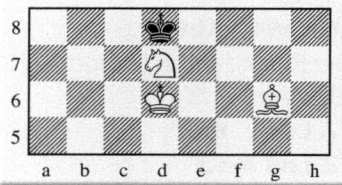

Diagramm 78, Weiß am Zug

Jetzt kann Schwarz einfach wieder Ke8 spielen, überlegt Lisa. Doch dann schaut sie noch einmal genauer hin und sieht, dass dieser Zug zum raschen Ende führen würde: Im nächsten Zug wäre der schwarze König mattgesetzt (18. Lg6 matt)! Also muss der schwarze König einen weiteren Schritt Richtung Eckfeld a8 machen, ob er will oder nicht!

17. **... Kc8**
18. **La6+ Kb8**
19. **Kc6 Ka7**
20. **Sc6 Kb8**
21. **Kb6 Ka8** *(Diagramm 80)*

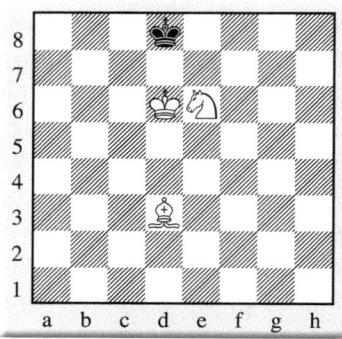

Diagramm 79, Schwarz am Zug

Jetzt ist es geschafft, denkt Lisa, die an ihrem Schachbrett alle Züge nachgespielt hat. Der König ist in der Ecke. Jetzt mattsetzen – aber wie? Ein Lächeln erhellt ihr Gesicht: Ah, ich habs, noch zwei Züge!

22. **Lb7+ Kb8**
23. **Sa6 matt** (oder Sd7 matt)

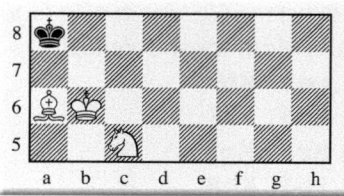

Diagramm 80, Weiß zieht und setzt matt in 2 Zügen

König und zwei Springer gegen König

Lisa zweifelt, ob eine Partie mit nur zwei Springern zu gewinnen ist. Im Schachbuch findet sie die Bestätigung:

Obwohl der Springer wertmäßig dem Läufer gleichgestellt wird, ist mit einem Springerpaar allein – im Gegensatz zum Läuferpaar – eine Partie nicht zu gewinnen. Der Springer wechselt bei jedem Zug die Feldfarbe und kann deshalb keine Wartezüge ausführen, ohne die Kontrolle über bestimmte Felder zu verlieren, z.B. eine diagonale oder gerade Linie, die für die Mattsetzung wichtig sind.

König und Dame gegen König und Turm

Die Konstellation König und Dame gegen König und Turm hat Lisa auch schon allein am Schachbrett geübt. Es war eine neue interessante Erfahrung, sich in die Position des Gegenspielers zu versetzen, das heißt, sich nach dem ersten Zug als Dirigentin der weißen Steine zu identifizieren und beim nächsten Zug die Rolle des schwarzen Gegenspielers zu übernehmen, um sich den bestmöglichen Antwortzug auszudenken. Es ist irgendwie merkwürdig, denkt sie, sonst ist man doch entweder für die eine oder die andere Partei oder Mannschaft… Ob Rudi auch ab und zu allein eine Schachpartie spielt?

«Klar, hab ich schon oft gemacht», erklärt ihr Rudi am nächsten Tag in der Schule. «Aber nur, um bestimmte Varianten einer Eröffnung oder eines Endspiels zu studieren. Ich stelle mir dabei aber nicht vor, dass ich gegen mich selber spiele, das wäre schon irgendwie schräg, sondern suche für beide Seiten die richtigen Züge oder die beste Lösung.»

«Endspiele Dame gegen Turm ergeben sich oft und enden häufig remis, weil es dem Spieler mit der Dame nicht gelingt, seinen Vorteil zu nutzen», fährt Rudi fort. «Er muss den gegnerischen König systematisch an den Rand drängen, Mattdrohungen aufbauen und den Turm erobern. Das geht nur, wenn er einen Plan hat, an welchen Brettrand er den gegnerischen König drängen will, und verhindern kann, die Dame gegen den Turm des Gegners abtauschen zu müssen. Im Web findest du Beispiele, wie du dabei am besten vorgehst.»

Lisa ist froh um diese Tipps, aber sie zieht es vor, aus ihrem kleinen Schachbuch das Beispiel mit nur den beiden Königen und Dame gegen Turm nachzuspielen.

Diagramm 81: Vorsicht, nicht gleich mit Df3+ beginnen, das könnte Schwarz mit Tf5 beantworten und den Turm gegen die Dame abtauschen: remis.

1. **Kf3 Ke6**
2. **Kf4 Tc5**
3. **Dd4 Tf5**
4. **Ke4 Th5**
5. **Dc4+ Kd6**
6. **Da6+ Ke7**
7. **Da3+ Kd7**
8. **Df3 Ta5**
9. **Db3 Tc5**
10. **Df7+ Kc6**
11. **De8+ Kb6**
12. **Kd4 Tc1**
13. **De3 Tc7**
14. **Ke5+ Kc6**
15. **Dc3+ Kd7**
16. **Dd3+ Kc8**

Geduld ist angesagt *(Diagramm 82)*

17. **Dh3+ Kb7**
18. **Db3+ Ka7**
19. **Da4+ Kc6**
20. **Kd6 Kb7**
21. **Db4+ Kc8**
22. **Da5 Td7+**
23. **Kc6!** *(Diagramm 83)*

Mattdrohung Da8, und nach Tc7 folgt Dxc7 matt

23. ... **Tb7**

Was kann Schwarz sonst tun? Kb8?

24. **Da6 Kd8**
25. **Dxb7** und Weiß gewinnt

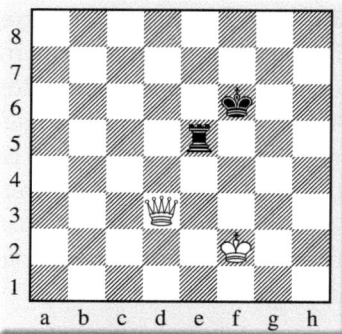

Diagramm 81, Weiß am Zug

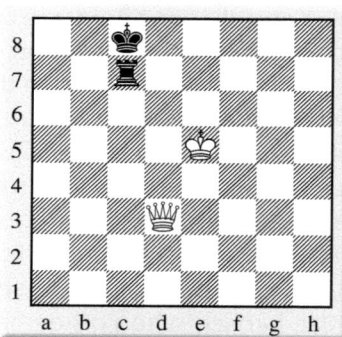

Diagramm 82, Weiß am Zug

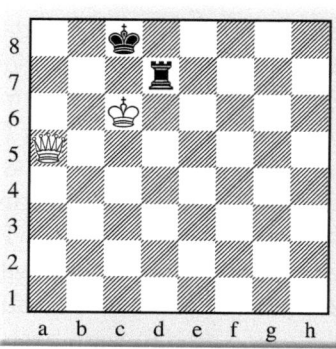

Diagramm 83, Schwarz am Zug

Nun muss ich mir nur noch ein paar Seiten anschauen, bei denen es um reine Bauernendspiele geht, freut sich Lisa. Sie malt sich schon aus, wie sie Erich eines Tages in ein Bauernendspiel zwingen wird.

Bauernendspiele

Ein Bauer allein kann nicht mattsetzen, liest Lisa – nun, das ist logisch –, aber sie hat gelernt, dass er sich in eine Figur verwandelt, wenn er es geschafft hat, die letzte Reihe in der gegnerischen Zone zu erreichen. Ein Bauer kann deshalb im Endspiel zum wichtigsten Stein auf dem Brett werden.

Diagramm 84: Schafft es der Bauer von e4 auf e8 zu gelangen und sich in eine Dame zu verwandeln?

Ja, wenn Weiß am Zug ist!

1. e5 Kg4 2. e6 Kf5 3. e7 Kf6 4. e8D

Nein, wenn Schwarz am Zug ist!

1. ... Kg4 2. e5 Kf5 3. e6 Kxe6

Stünde der weiße König auf g5 oder g6, könnte er seinen Bauern in jedem Fall bis e8 durchmarschieren lassen, Schwarz müsste aufgeben.

Diagramm 84

Diagramm 85: Mit einem *Randbauern* ist die Partie nicht zu gewinnen, wenn es dem Gegner gelingt, das Eckfeld zu besetzen. Der weiße König kann auf h6, wonach die Partie *patt* ist, oder er trennt sich von seinem Bauern: remis.

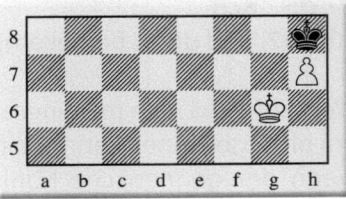

Diagramm 85

Diagramm 86: Wenn Schwarz am Zug ist, ist die Partie patt. Weiß am Zug gewinnt:

1. **Ke6 Kg7** oder 1. **Kg6 Ke7**
2. **Ke7**   2. **Kg7**
3. **f7 D**   3. **f7 D**

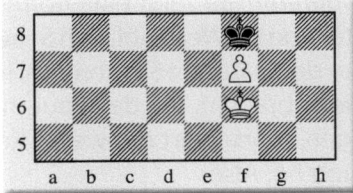

Diagramm 86

Um einen Einzelbauern umwandeln zu können, gilt: *Der König muss mindestens eine Reihe vor dem eigenen Bauern in Opposition zum gegnerischen König stehen.* Was das genau heißt, zeigt folgendes Beispiel.

1. **Kd3!** *(Diagramm 87)*
Kc3 wäre falsch, denn nun würde der schwarze König seinerseits mit Kc5! in die Opposition gehen, und die Partie wäre nicht zu gewinnen.

1. ... **Kc5**
2. **Ke4 Kd6**
3. **Kd4 Ke6**
4. **Kc5 Kd7**
5. **Kd5**

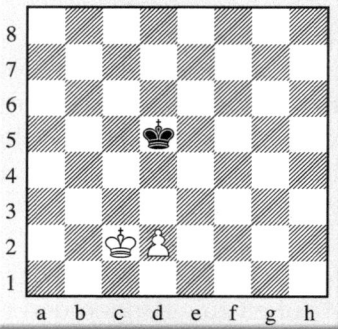

Diagramm 87, Weiß am Zug

Diagramm 88: Opposition! Ein Fehler wäre d4 gewesen, weil darauf Kc7 folgte und Schwarz das Remis halten könnte.

5. ... **Kc7**
6. **Ke6 Kd8**
7. **Kd6 Ke8**
8. **d4 Kd8**
9. **d5 Kc8**
10. **Ke7**, und d8 ist freigekämpft!

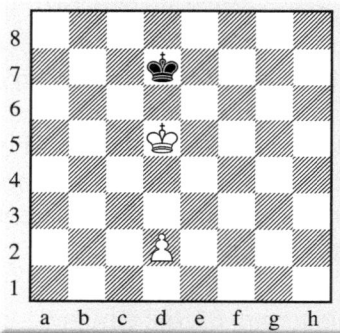

Diagramm 88, Schwarz am Zug

Wer sagt, dass man mit einem Randbauern nicht gewinnen kann? Kein Problem, wenn der gegnerische König zu weit entfernt ist…

Diagramm 89 zeigt eine hoffnungsvolle Stellung für Weiß. Soll sich Schwarz doch um den Bauern a5 kümmern, in der Zeit, die er braucht, um den Bauern zu beseitigen, marschiert der weiße König Richtung h6. Also:

1. **Kc5!**

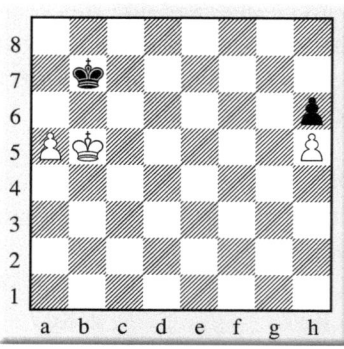

Diagramm 89, Weiß am Zug

Endspiele mit wenigen Figuren und Bauern

Diagramm 90: Weiß am Zug kann nicht gewinnen. Der schwarze König pendelt zwischen f7 und f8, egal was Weiß unternimmt, und lässt den weißen König nicht aus der Ecke kommen.
Wenn Schwarz am Zug wäre, würde Weiß gewinnen! Kurios!

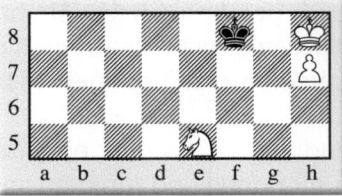

Diagramm 90, Weiß am Zug

Diagramm 91: Weiß kann nicht gewinnen, weil er einen schwarzfeldrigen Läufer hat, der das weiße Umwandlungsfeld a8 nicht beherrscht.
Nach 1. Kb6 Kb8 2. a6–a7+ geht der schwarze König wieder auf a8 und ist patt statt matt. Mit einem weißfeldrigen Läufer wäre die Partie zu gewinnen.

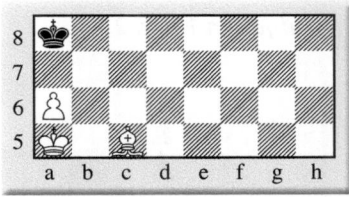

Diagramm 91

Diagramm 92: Selbst mit der Dame gegen einen kleinen Bauern kann Weiß bei dieser Stellung nicht gewinnen. Sie endet remis.
1. **Dd1+ Kg2**
2. **De2 Kg1**
3. **De3 Kg2**
4. **De2 Kg1** usw.
Der schwarze König verteidigt erfolgreich das Umwandlungsfeld f1 für seinen Bauern.

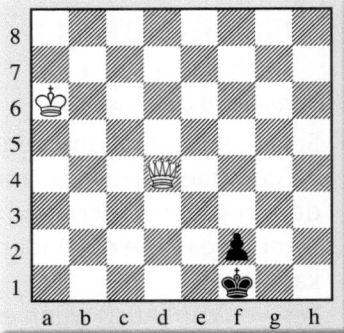

Diagramm 92

Vor vier Monaten hat Lisa erstmals angefangen, sich für Schach zu interessieren. Mit Onkel Erich hat sie seither an vielen Sonntagabenden – während die übrige Familie vor dem TV saß – Partien gespielt und immer verloren, sie hatte gegen Rudi keine Chance, und auch das Schachprogramm auf ihrem PC war zu stark für sie. Andere in ihrem Alter hätten nach so viel Erfolglosigkeit das Interesse an Schach verloren, nicht aber Lisa, die sich durch das kleine Schachbuch gearbeitet hat, das ihr Erich geschenkt hatte. Sie hat nicht vergessen, dass Erich ihr ein City-Bike versprochen hat, wenn es ihr gelingen würde, ihn noch in diesem Jahr einmal zu besiegen. Es bleiben ihr noch vier Monate.

Rudi hat Lisa wieder ein paar Schachaufgaben geschickt, welche die Juniorinnen und Junioren im Schachklub lösen mussten. «Nur für Fortgeschrittene», hat er gemeint.

Aufgaben 1 und 2   *Lösungen siehe Seite 72*

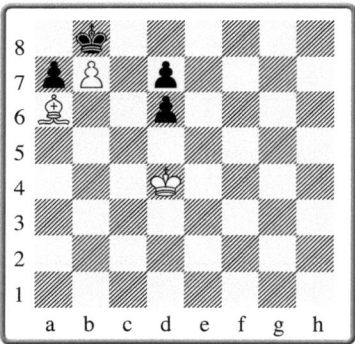

Diagramm 93, Weiß am Zug

Schau dir die Stellung genau an und überlege, ob du mit dem einzigen Bauern und dem Läufer die Partie gewinnen kannst.
Yes, you can! Auch wenn es kaum möglich scheint…

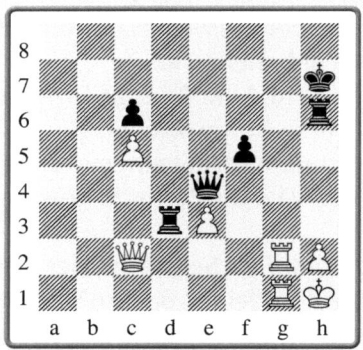

Diagramm 94, DxTd3?

Weiß könnte gewinnen:
Tg7+   Kh8
Tg7–g8+   Kh7
Tg1–g7 matt
Wenn nur nicht die Dame e4 den Turm g2 fesseln würde! Deshalb spielt Weiß 1. **DxTd3**. Wie antwortet Schwarz darauf am besten?

Die erste Aufgabe bereitet Lisa Kopfzerbrechen. Der weiße König geht nach d5, dann der schwarze nach c7 – und dann? Auch nach längerem Überlegen kommt sie der Lösung nicht auf die Spur und will schon zur nächsten Aufgabe gehen, als ihr ein Licht aufgeht…

Die zweite Aufgabe – *Diagramm 94* – ist auch spannend. Weiß opfert die Dame, um dann mit den Türmen den schwarzen König mattzusetzen. Würde ich mit Schwarz auf das Angebot eingehen und die weiße Dame schlagen, nachdem sie meinen Turm d3 genommen hat? Normalerweise schon, überlegt Lisa, aber hier, wo ich dann gleich mattgesetzt werde? Nach langem Analysieren findet sie die Lösung...

Aufgaben 3 und 4

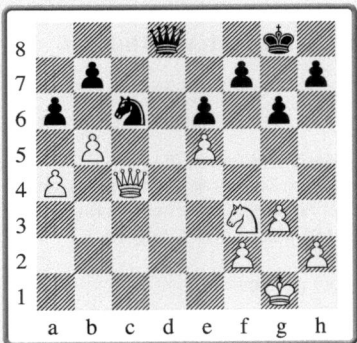

Diagramm 95, Schwarz am Zug

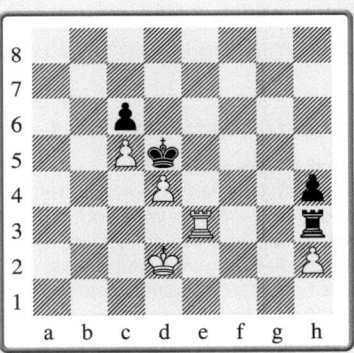

Diagramm 96, Schwarz am Zug

Schwarz ist am Zug und sollte seinen Springer in Sicherheit bringen. Doch er gibt zuerst ein Zwischenschach: **Dd1+**. Beachte die Verbindung der Felder f3, e5, c6 und c4, die zu Springergabeln einladen. Wie geht die Partie nach Dd1+ weiter, falls der weiße König auf g2 geht?

Weiß ist mit dem Turm von e2 auf e3 gegangen, um den Turmabtausch zu provozieren. Mit einem Mehrbauern sollte die Partie zu gewinnen sein. Nun ist Schwarz am Zug und überlegt: Txh2+ oder Txe3?
Andere Züge kommen nicht infrage wegen Te3xTh3.
Was würdest du spielen?

Bei den Aufgaben 3 und 4 ist Lisa überfordert. Oder ist es die Müdigkeit? Die schwarze Dame greift also auf d1 an, und der weiße König muss auf g2. Dadurch ist sein Springer auf f3 geschützt. Wie weiter? Vielleicht mit der Dame auf a1, um den Bauern e4 zu erobern? Lisa findet keine Fortsetzung des Spiels, die irgendwie entscheidend wäre.

Auch die vierte Aufgabe gibt ihr Rätsel auf, obwohl es nur zwei mögliche Züge sind, die Schwarz zur Auswahl stehen: Turm tauschen oder den Bauern h2 schlagen. Sie würde sich für das Schlagen des h-Bauern entscheiden. Eigentlich sollte das Remis dann zu halten sein. Sie hat aber nicht das Gefühl, dass dies schon die Lösung ist – das wäre irgendwie zu banal…

«Zwei von vier Aufgaben gelöst», teilt sie Rudi per SMS mit.

«Super», antwortet Rudi. «Willst du die Lösungen vergleichen?»

«Klar, her mit den Lösungen!»

Das Mail mit den Lösungen lässt nicht lange auf sich warten.

Lösungen zu den Aufgaben 1 bis 4

Aufgabe 1 (Diagramm 93)
Kann Weiß diese Partie gewinnen? Hier hilft der Umstand, dass Weiß noch einen weißfeldrigen Läufer hat und der gegnerische König am Schluss auf das weiße Eckfeld a8 verdrängt werden kann. Zudem ist Schwarz gezwungen, die Umwandlung des Bauern auf b8 zu verhindern. Aus dieser ganz besonderen Stellung heraus kann Weiß den schwarzen König in fünf Zügen mattsetzen:
1. Kd5   Kc7
2. b7–b8 Dame!+   Kxb8
3. Kxd6   Ka8
4. Kc7   d5 (oder d6)
5. Lb7 matt!

Aufgabe 2 (Diagramm 94)
Die weiße Dame schlägt den Turm d3. Schwarz lässt sich dadurch nicht beirren:
…   Txh2+
Kxh2   Dh4 matt!

Aufgabe 3 (Diagramm 95)
Schwarz am Zug verzichtet zunächst darauf, den Springer c6 in Sicherheit zu bringen und geht statt dessen in den Angriff:
…   Dd1+
Kg2 (Df1 wäre besser)
…   Dxf3+!
Kxf3   Sxe5+!
König beliebig   Sxc4

Aufgabe 4 (Diagramm 96)
Schwarz am Zug: Turm abtauschen oder h2 schlagen?
Bauer h2 schlagen ist verlockend, dann ist die Partie materiell ausgeglichen:
…   Txh2+ (??)
Kd3   Schwarz gibt auf!
Es droht **Te5 matt!** Schwarz könnte, um das zu verhindern, nur den Turm opfern (Td2+), wonach die Partie verloren ist.

Teil II

Lisas erster Sieg

Es ist Sonntag, und Onkel Erich und Maya sind wieder einmal zum Abendessen vorbeigekommen. Lisa freut sich immer auf die beiden, nicht nur wegen der oft witzigen Unterhaltung während des Essens, sondern auch und vor allem, um Erich am Schachbrett herausfordern zu können.

Zum Glück ist das Wohnzimmer groß genug, Lisa lässt sich durch die Geräusche des Fernsehers kaum vom Schach spielen ablenken. Erich findet Serienkrimis nicht besonders interessant, die Täter würden sowieso alle immer kurz vor Ende der Sendung gefasst und die ganze Handlung sei in so viele kurze schnelle Filmszenen zerstückelt, dass der Zuschauer gar nicht zum Mitdenken komme. Für eine Zwölfjährige seien diese Filme sowieso nicht geeignet, meinte er, worauf Lisas Vater entgegnete, dass ein Fernsehkrimi im Vergleich zu den Killergames, welche die Jugendlichen an Computern spielen, geradezu harmlos sei.

«Schach ist doch auch eine Art Kriegsspiel», wirft Lisas Mutter ein, «ich weiß nicht, ob das die richtige Beschäftigung für ein Mädchen ist.»

«In manchen Schulen ist Schach als Unterrichtsfach eingeführt worden», hält Erich dagegen, «nicht um Krieger auszubilden, sondern um das logische Denken der Jugendlichen zu fördern.»

Zum Glück beginnt jetzt der Krimi, und die Gefahr, dass die Erwachsenen anfangen darüber zu streiten, welches die dümmste oder gescheiteste Art von Erziehung und Freizeitbeschäftigung sei, ist gebannt.

Erich hat das Schachbrett aufgebaut und streckt Lisa zwei Fäuste entgegen: linke oder rechte Faust, weiße oder schwarze Steine?

«Viel Glück», ruft der Vater Lisa zu, bevor er sich dem TV zuwendet. «Zeig es diesem Angeber!»

Lisa weiß, dass es in diesem Spiel nicht auf das Glück ankommt, und Papa weiß das auch. Er hofft einfach, dass Lisa seinen Bruder ein wenig fordern kann, dass sie ihm das Gewinnen nicht allzu leicht machen würde. Sicher erwartet er nicht ernsthaft, dass sie ihren Lehrmeister schlagen könnte.

Sie tippt auf Erichs linke Faust, in der sich der schwarze Bauer versteckt hatte. Also hat Erich die weißen Steine, nimmt einen Schluck Rotwein, und eröffnet.

Erich   Lisa

1. **e4   e5**

2. **Sf3   Sc6**

3. **Lb5** *(Diagramm 97)*

Erich wählt also seine Lieblingseröffnung, die Spanische Partie, wie Lisa inzwischen weiß. Bisher hatte sie damit immer ihre Mühe, wenn sie mit den schwarzen Steinen spielte, und verlor schon nach wenigen Zügen Material.

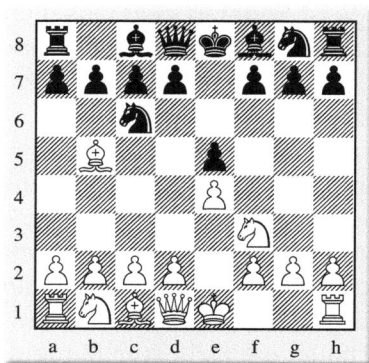

Diagramm 97, Schwarz am Zug

Vor einem Monat hatte Erich sie in sein Stammlokal mitgenommen, ins Café Littéraire, in dem immer an ein paar Tischen Schach gespielt wird, und zwar um kleine Geldbeträge, wie Lisa erstaunt feststellte. Die meisten Männer im Lokal waren etwa in Erichs Alter oder noch älter, manche von ihnen saßen als Zuschauer und Kommentatoren an den Schachtischen und verfolgten die Partien aufmerksam. Unauffällig schob ein Zuschauer dem Spieler, der gerade gewonnen hatte, Geld über den Tisch, um als Nächster gegen ihn antreten zu dürfen.

Erich war offenbar so etwas wie der Platzhirsch in diesem Lokal, er wurde von den Spielern an den Tischen respektvoll begrüßt und bekam innert Minuten Gelegenheit, den Sieger am zweiten Tisch zu fordern, einen hageren Mann mit kantigen Gesichtszügen, der nervös eine Zigarette selber drehte.

«Jetzt siehst du mal eine richtig gute Schachpartie, Lisa», sagte Erich beiläufig, während er seinen ersten Bauern ins Spiel brachte. Erich war nun in seinem Element, die Miene seines Gegners verdüsterte sich zusehends.

«Ts, ts.» Ein Zuschauer machte sich kopfschüttelnd bemerkbar. «Läufer auf e7», raunte er einem andern Zuschauer zu.

«Sei bitte ruhig», fauchte Erichs Gegenspieler dem Mann zu, «ich brauche deinen Kommentar nicht!»

Nach einer Viertelstunde war das Spiel entschieden, Händedruck, ein zufriedener Onkel Erich. Er verzichtete auf eine weitere Partie und verabschiedete sich von seinen Kollegen. «Siehst du, das war jetzt ein spannendes Spiel», sagte er zu Lisa, als er die Getränke bezahlte, «und hast du etwas davon mitbekommen?»

«Ja, das war interessant. Für mich bist du der Größte», antwortete Lisa und wusste, dass Erich das Lob überaus gerne hörte. Sie war froh, das Lokal verlassen zu können.

Sollte sie Springer auf d4 riskieren? Oder mit dem Springer auf f6 und den Bauern e4 angreifen? Sie entscheidet sich:

3. ...　**a6**

4. **La4　b5**

5. **Lb3** *(Diagramm 98)*

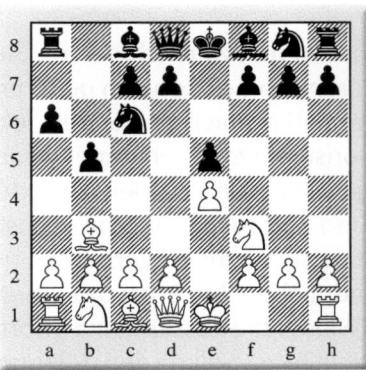

Diagramm 98, Schwarz am Zug

Das ging doch ganz gut! Den lästigen Läufer habe ich vertrieben. Aber wenn Erich ihn auf d5 stellt? Ich könnte jetzt den Springer auf f6 setzen. Oder den Läufer auf b7, um den Springer c6 besser zu schützen, denkt Lisa. Sie hat das Gefühl, bisher alles richtig gemacht zu haben. Erich hat jedenfalls nicht schon nach fünf oder sechs Zügen einen Bauern mehr auf dem Brett wie sonst immer, wenn er diese Eröffnung wählte.

5. ...　**Lb7**

6. **c3** *(Diagramm 99)*

Aha, er will wohl d4 vorbereiten und dann Sg5, vermutet Lisa. Sein weißer Läufer und der Springer würden dann

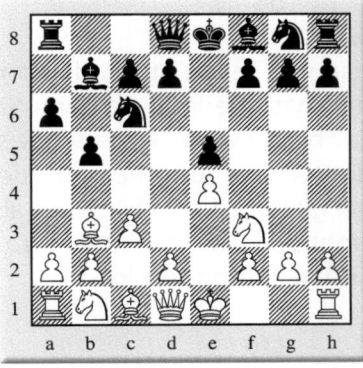

Diagramm 99, Schwarz am Zug

f7 angreifen. So hat er auch in diesem merkwürdigen Café gespielt. Sie überlegt angestrengt. Den Springer auf f6 zu stellen, wäre wohl nicht der beste Zug. Läufer auf e7? Ja, dann kann Erich sein Pferd nicht auf g5 setzen… Lisa nimmt sich Zeit. Sie erwägt auch, mit Springer auf a5 den weißen Läufer anzugreifen und entscheidet sich dann doch für den Läuferzug.

6. … **Le7**

7. **d4** *(Diagramm 100)*

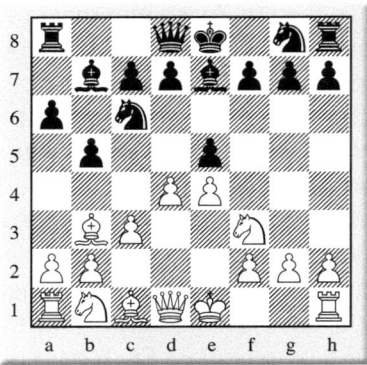

Diagramm 100, Schwarz am Zug

Lisa ist nun ziemlich nervös. Sie nimmt wahr, dass Erich sich einen weiteren Schluck Rotwein genehmigt und die Stellung auf dem Brett interessiert betrachtet. Vor dem letzten Zug hat er ziemlich lange gewartet. Sonst antwortet er immer sofort auf Lisas Züge, als hätte er schon längst gewusst, was sie spielen würde und welchen nächsten Zug er schon im Sinn hatte. Oder welche nächsten drei oder vier Züge. Lisa hat erkannt, dass sie ebenfalls versuchen muss, Erichs nächsten und übernächsten möglichen Zug vorauszuahnen.

«Wieder die Russenmafia», hört sie ihren Vater sagen. «Da gibt es wieder viele Tote.» Soll sie den d-Bauern schlagen? Dann schlägt Erich ebenfalls auf d4 und hat ein starkes Zentrum.

7. … **d6**

8. **0–0**

Lisa war schon auf 8. d5 vorbereitet und hat überlegt, ob dann Sa5 oder Sa7 besser wäre. Gerne würde sie auch die Rochade ausführen, aber der Springer g8 steht ihr noch im Weg, also wäre wohl Sf6 kein schlechter Zug.

Sie hat eine andere Idee:

8. … **Lf6**

9. **dxe5** *(Diagramm 101)*

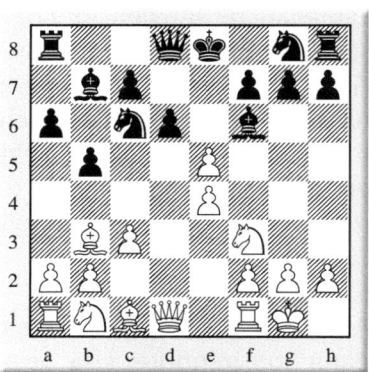

Diagramm 101, Schwarz am Zug

Damit hat Lisa gerechnet. Im Spiel letzte Woche gegen «Stockfish», dem Schachprogramm auf ihrem iPad, hat sie gelernt, sich besser zu verteidigen. Aber auch nur mit Schummeln, indem sie nämlich einen schlechten Zug zurücknehmen und einen andern spielen konnte. Das würde Erich nicht zulassen, aber das ist schon okay. Schließlich gibt es klare Regeln. Dennoch hatte sie gegen «Stockfish» am Ende wieder keine Chance gehabt.

Autoreifen quietschen, Kommissar Hagen hat es eilig. Jetzt braucht Lisa aber doch ein wenig Bedenkzeit: Soll sie den Bauern e5 mit dem Springer, dem Läufer oder mit dem Bauern d6 schlagen? Ihre ursprüngliche Idee war d6xe5, worauf Erich vermutlich auf einen Damentausch eingehen würde: Dxd8, Txd8. Aber beim genaueren Hinsehen scheint Sxe5 die vorteilhaftere Variante zu sein. Dieser Zug öffnet die Diagonale für den Läufer auf b7, der den Bauern e4 angreifen würde. Springer schlägt e5 ist definitiv der beste Zug.

Erich schaut sonst meistens zum Fernseher rüber, um etwas vom Krimi mitzubekommen, wenn sich Lisa einmal etwas mehr Zeit nimmt für ihren nächsten Zug. Es käme ihr sehr gelegen, wenn Erich sich jetzt ein wenig ablenken ließe, aber nein, er wartet gespannt auf ihren Zug. Nun gut!

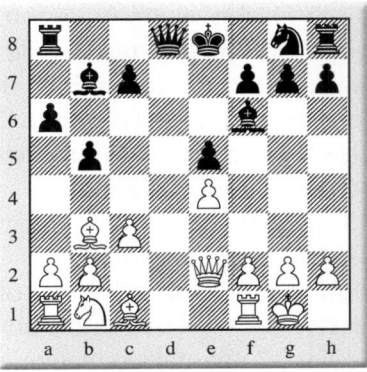

Diagramm 102, Schwarz am Zug

   9. … **Sxe5**
10. **Sxe5 dxe5**
11. **De2** *(Diagramm 102)*

Also kein Damenabtausch! Wenn er Td1 spielt, muss ich meine Dame in Sicherheit bringen. Am besten, ich stelle sie auf d6, um sie nachher auf c6 oder b6 in eine sicherere Zone zu verschieben. Und dann sollte ich mit dem Springer auf e7 gehen, um endlich rochieren zu können, überlegt Lisa.

«He, ihr seid so ruhig!», ruft Papa den beiden am Schachtisch zu, «alles klar bei euch?» Lisa schaut kurz auf und lächelt zerstreut: «Schon gut, Papa, kein Problem.» Erich ruft über seine Schulter Richtung Sofa, dass ihm Lisa heute zu schaffen mache. Sie habe schon große Fortschritte gemacht. «Gut, gut», meint Papa und konzentriert sich wieder auf den Krimi. Lisa bleibt bei ihrem Plan:

11. … Dd6
12. Td1 Db6

Das läuft ja so, wie ich gedacht habe, freut sich Lisa.

13. Le3 *(Diagramm 103)*

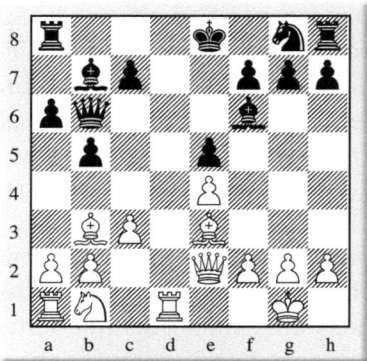
Diagramm 103, Schwarz am Zug

Oh, mit dem hätte ich eigentlich auch rechnen müssen, denkt Lisa. Die leicht aggressive Weise, wie Erich den Läufer auf das Feld e3 gestellt hat, ist typisch für ihn, wenn er in den Angriff geht. Die Holzfiguren auf dem Brett wackeln ein wenig, als Erich den Läufer energisch auf e3 platziert. Das lässt Lisa unbeeindruckt. Ganz behutsam schiebt sie den c-Bauern:

13. … c5
14. Ld5 *(Diagramm 104)*

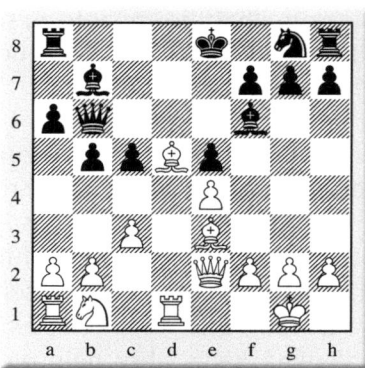
Diagramm 104, Schwarz am Zug

Nun kommt er also, Erichs Großangriff. Aber Lisa bleibt erstaunlich gelassen. Erich will den Läufer auf b7 schlagen, ihre Dame muss dann den Läufer b7 ebenfalls schlagen, und schließlich schlägt Erichs Läufer e3 den Bauern c5. Alles klar, so käme Erich zu einem Mehrbauern. Kann sie etwas dagegen tun?

Noch einmal nachdenken: Ich möchte jetzt endlich den Springer auf e7 stellen, aber das verhindert den Bauernverlust nicht. Turm von a8 nach d8 sieht interessant aus. Schlägt Weiß b7, dann schlage ich den Turm d1 mit Schachgebot. Den Läufer b7 kann ich dann immer noch schlagen und den Bauern e4 angreifen.

Lisa wird auf einmal bewusst, dass sie soeben im Begriff ist, mehrere Züge hintereinander vorauszuberechnen und vergisst beinahe das

Atmen. Erich lehnt sich betont lässig zurück und betrachtet sein Weinglas, das er in der Hand hält. Es muss unbedingt nachgefüllt werden. Lisa hat sich entschlossen:

14. ... Td8 *(Diagramm 105)*

Erich war schon unterwegs zur Weinflasche und setzt sich wieder. Er mustert Lisa über den Rand seiner dicken Hornbrille hinweg, als wollte er lesen, was in ihrem Kopf vorgeht, schaut auf das Brett und macht den nächsten Zug:

15. c4 Se7

16. Sc3 bxc4 *(Diagramm 106)*

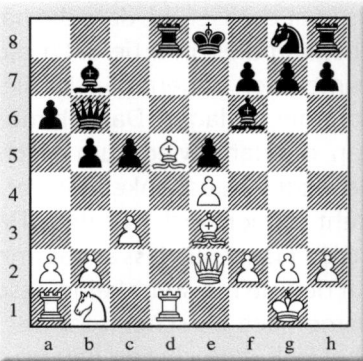

Diagramm 105, Weiß am Zug

Während Erich seinem Weinglas zu neuem Inhalt verhilft und kurz den TV-Krimi verfolgt, holt sich Lisa ein kaltes Getränk aus dem Kühlschrank und setzt sich gleich wieder ans Schachbrett. Wird er den Bauern c4 mit der Dame schlagen und den Druck auf f7 verstärken? Dann müsste ich den Läufer d5 abtauschen, denkt sie.

Doch Erich, der sich wieder aufs Schach konzentriert, hat anscheinend andere Pläne:

17. Sa4 *(Diagramm 107)*

Überraschung! Erich hat den Zug stehend ausgeführt und sich gleich wieder vor den TV begeben, wie wenn ihn die Schachpartie nicht mehr interessierte. Dort sieht er den Polizisten zu, die ein leerstehendes Fabrikgebäude betreten.

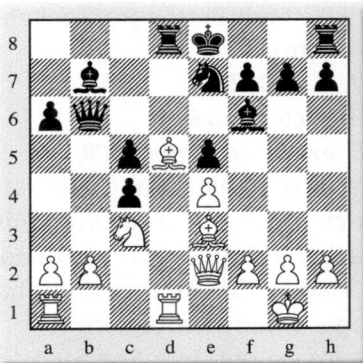

Diagramm 106, Weiß am Zug

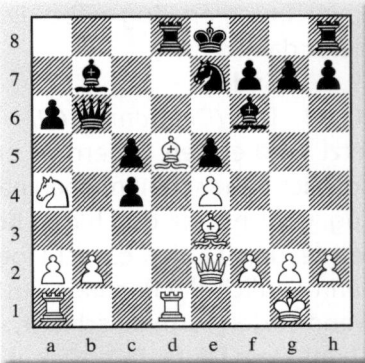

Diagramm 107, Schwarz am Zug

Lisa hat das Gefühl, dass die nächsten Züge entscheidend sind für den Ausgang dieser Partie. Jetzt bloß nichts falsch machen. Wohin mit der Dame? Den Bauern c5 wird sie verlieren, Erich wird ihn wohl mit dem Springer schlagen. Danach muss ihr Läufer auf b7 den Läufer d5 schlagen, der dann wiederum geschlagen wird vom Bauern e4. Weiter mag sie nicht vorausdenken, bisher ist alles schon kompliziert genug. Erich steht immer noch vor dem TV und lässt Lisa alleine am Schachbrett sitzen. Lisa weiß, dass er das immer tut, wenn er einen Zug gemacht hat, auf den sie meistens keine gescheite Antwort mehr hat.

Dame nach b5 scheint ihr der beste Zug zu sein. Eigentlich gar nicht übel, soll er doch den Bauern c5 nehmen! Nach dem anschließenden Abtauschen der beiden Läufer würde sie materiell gleich gut stehen.

Erich ist ans Brett zurückgekehrt, weiter gehts!

17. ... Db5

18. Sxc5   Lxd5

19. exd5 *(Diagramm 108)*

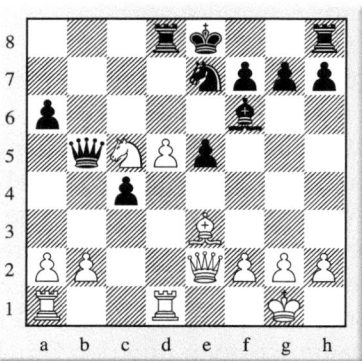

Diagramm 108, Schwarz am Zug

Na also, denkt Lisa, diese Partie hat Erich noch nicht gewonnen! Mein nächster Zug ist klar: den Bauern d5 schlagen. Erstaunlich, dann habe ich sogar einen Mehrbauern…

Bevor sie mit dem Springer den Bauern d5 schlägt, prüft Lisa, ob es noch einen besseren Zug gäbe. Doch sie bleibt dabei:

19. ...   Sxd5

20. a4   Dc6 *(Diagramm 109)*

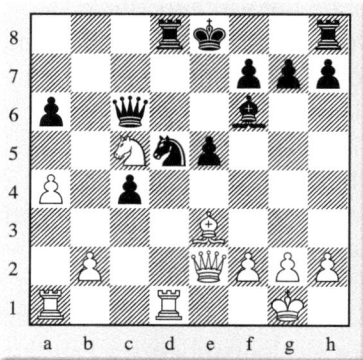

Diagramm 109, Weiß am Zug

Jetzt wird er den Bauern c4 erobern, doch ich sehe schon meinen nächsten Zug, geht es Lisa durch den Kopf. Ich werde den Läufer e3 schlagen und dann endlich die Rochade ausführen. Wenn er den Turm d8 schlägt, schlage ich mit dem Läufer f6 zurück, um nicht den König zu bewegen und die Ro-

chade zu vermassen. Aber zuerst wird
er wohl jetzt mit der Dame den unge-
schützten Bauern c4 schlagen…

21. **Dxc4   Sxe3**
22. **Txd8+   Lxd8**
23. **fxe3** *(Diagramm 110)*

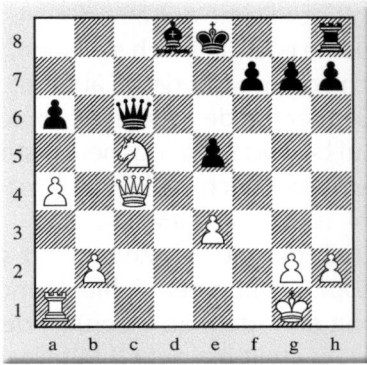

Diagramm 110, Schwarz am Zug

Weiß greift den Bauern a6 doppelt an,
mit Dame und Springer. Aber seinen
Springer c5 darf er nicht spielen, ohne
die Dame auf c4 zu verlieren. Mit der
Dame kann er a6 nicht schlagen, ohne
den Springer zu verlieren. Wenn ich nun den Springer angreife, nämlich
mit dem Läufer auf b6 oder e7?

«Das ist eine Falle», ruft Papa. Lisa schaut auf. Kommissar Hagen betritt
mit vorgehaltener Pistole ein dusteres Zimmer. Erich hebt nicht einmal
den Kopf, im Gegenteil, er widmet seine volle Aufmerksamkeit den Figuren auf dem Schachbrett, Kommissar Hagens gefährliche Aktion
scheint ihn nicht zu kümmern. Läufer e7 oder besser auf b6? Natürlich
b6! Der ungeschützte Bauer auf e3, der König in der gleichen Diagonalen auf g1! Das ist vielversprechend.

23. **…   Lb6!**
24. **b4** *(Diagramm 111)*

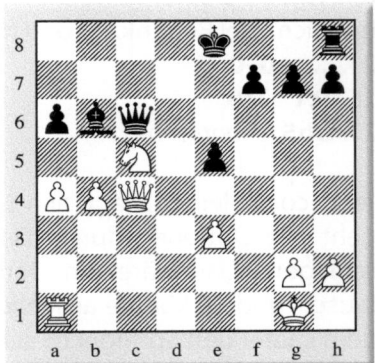

Diagramm 111, Schwarz am Zug

Jetzt endlich die Rochade!, ist Lisas erster Gedanke. Heute hat sie aber kaum
je den Zug ausgeführt, der ihr zuerst
einfiel. Erich verteidigt mit dem Bauern auf b4 hartnäckig seinen Springer,
der im Moment aber keine Sprünge
machen darf, sonst ist ja die Dame
weg! Und wenn ich nun den Bauern b4
angreife, nämlich mit a5? Ist das gut?
Schlägt er a5, schlage ich den Springer c5, am besten mit meiner Dame,
und gewinne eine Figur. Aber würde er a5 schlagen? Er könnte ja auch

mit der Dame auf a6 oder e4. Sirengeheul. Lisa bleibt konzentriert. Dame e4 müsste ich schlagen, dann schlägt der Springer meine Dame, ich schlage mit dem Läufer e3 und biete Schach – ja, das ginge auch. Geht er mit der Dame auf a6, schlage ich mit meinem Bauern a5 seinen auf b4. Das Sirengeheul erstirbt, wieder quietschende Reifen, Schreie, Schüsse. Doch, a5 kann ich machen!

24. ...   **a5**

Erich nimmt sich Zeit, kratzt sich am Kopf. Trinkt einen Schluck und – Lisa hält den Atem an – berührt den Turm a1. Er stellt ihn auf f1! Mit Nachdruck! Zack, hier ist mein Turm!

25. Tf1 *(Diagramm 112)*

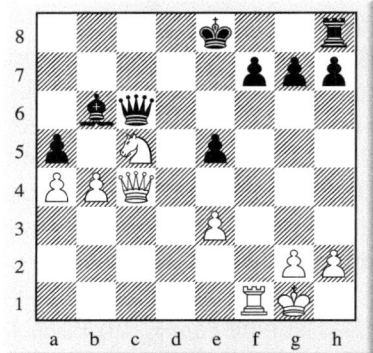

Diagramm 112, Schwarz am Zug

Lisas Schreck ist nur kurz. Sie hat eher mit De4 gerechnet und ist nun sogar erleichtert, dass Erich ihr Gelegenheit gibt, endlich die Rochade auszuführen. Damit ist die Gefahr Dxf7+ abgewendet, ihr König im Trockenen und, was jetzt ganz wichtig ist, sie kann ihren Turm ins Spiel bringen. Sie benötigt nicht viel Bedenkzeit und rochiert.

25. ...   **0–0**

26. Tc1   **Tc8**

27. Db5 *(Diagramm 113)*

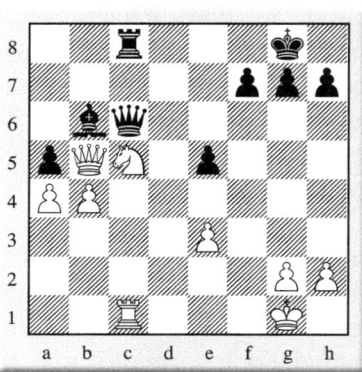

Diagramm 113, Schwarz am Zug

Jetzt cool bleiben, sagt sich Lisa. Sie geht alle Optionen durch: Dame b5 schlagen? Das wäre ein Damenabtausch, und sie könnte anschließend den Bauern b4 erobern. Oder mit dem Läufer den Springer c5 schlagen? Das sieht auch gut aus.

«Er ist uns entkommen!», schreit Kommissarin Buck, Hagens Kollegin. «Gib Sven Bescheid, er soll mit seinen Leuten die Sterngasse abriegeln!», ruft Hagen in sein Funkgerät. Noch einmal die Gedanken ordnen. Bauer a5 schlägt b4, Dame schlägt Bauer b4 – nein, das macht er nicht, sonst schlage ich ja mit dem Läufer seinen Springer –, also andere Variante: Bauer schlägt b4, Dame schlägt Dame c6. Dann schlage ich mit dem Turm seine Dame auf c6 – auch gut. Sie merkt, dass Erich sie anschaut. «Du spielst unglaublich stark, heute», murmelt er anerkennend.

«Abwarten», entgegnet sie, noch nicht davon überzeugt, Erich besiegen zu können. Aber ihr Zug steht fest:

27. ... axb4 *(Diagramm 114)*

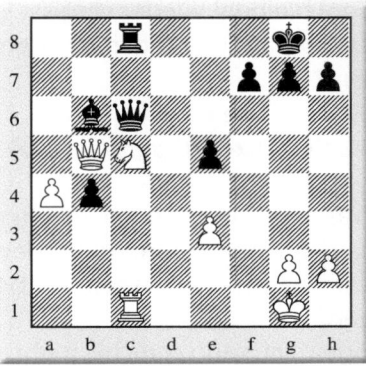

Diagramm 114, Weiß am Zug

Erich seufzt resigniert. Resigniert? Sie schaut ihren Onkel fragend an. Hat sie einen Fehler gemacht? Erich hat sich zurückgelehnt und reinigt mit einem Taschentuch die vernebelten Gläser seiner Brille. Er schüttelt den Kopf. «Unglaublich», wiederholt er, und jetzt wird Lisa zum erstenmal bewusst, dass sie diese Partie gewinnen kann. Ja, gewinnen muss!

Erich schlägt – wie erwartet – ihre Dame auf c6. Nicht wie sonst, zack, hier ist meine Dame!, nein, wie in Zeitlupe.

28. Dxc6 Txc6 *(Diagramm 115)*

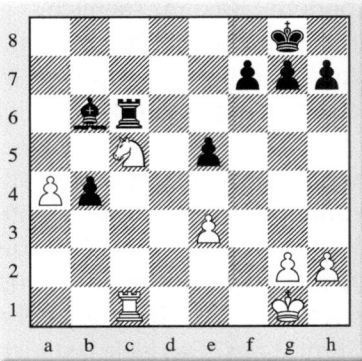

Diagramm 115, Weiß am Zug

Den letzten Zug musste sich Lisa keine Sekunde überlegen. Nun ist Erich an der Reihe. «Wir wussten ja, dass da noch eine Hintertür war», sagt Kommissarin Buck, «aber er entwischt uns nicht.» Dumpfe Musik tönt aus dem TV. Was kann Erich noch machen, um den Springer zu retten? Noch ein Seufzer, dann hebt er den Springer vom Brett...

29. Sd3 *(Diagramm 116)*

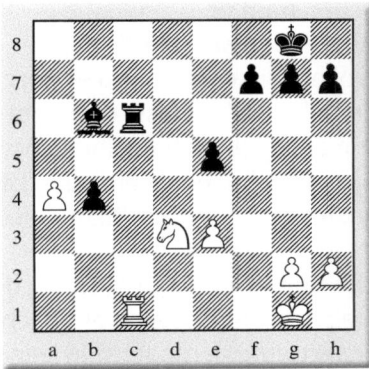

Diagramm 116, Schwarz am Zug

Cool bleiben! Wieder vergisst Lisa beinahe zu atmen. Und macht den nächsten Zug:

29. ... **Lxe3+**
30. **Kf1 Lxc1** *(Diagramm 117)*

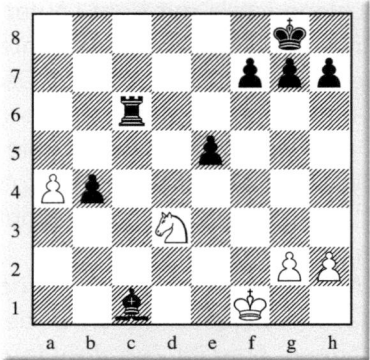

Diagramm 117, Weiß gab auf

Was kann Erich noch machen? Den Läufer schlagen und dafür den Springer hergeben? Den Bauern b4 schlagen?

Eigentlich kann er nichts mehr ausrichten, um mir gefährlich zu werden, überlegt Lisa ganz sachlich.

Erich starrt ungläubig auf das Brett. Das Undenkbare ist Tatsache geworden. Er ist einen kurzen Moment geschockt, doch dann kippt er seinen König um und sagt mit belegter Stimme: «Ich gratuliere dir!»

Einen Moment lang ist Lisa sprachlos. Dann schreit sie: «Ich habe gewonnen, ich habe gewonnen!»

«Was ist los?», rufen ihre Eltern und Maya gleichzeitig. Sie eilen herbei und gucken abwechselnd Erich und Lisa an. Lisa platzt vor Stolz: «Ich habe gewonnen, Erich hat aufgegeben!»

«Stimmt das? Das ist ja fast nicht zu glauben!», staunen ihre Mutter und Maya gleichzeitig, und ihr Papa strahlt vor Freude. «Wie war das möglich?», fragt er.

Alle haben sie den Krimi, der noch nicht zu Ende ist, vergessen und wollen wissen, wie Lisa es geschafft hat, das Schachgenie zu besiegen. Erich hat sich gefasst und hebt sein Weinglas: «Lisa hat wirklich extrem gut gespielt, ich habe ihr nichts geschenkt. Ihr könnt stolz sein auf sie… und, äh, ich scheine ein guter Lehrmeister gewesen zu sein. Himmel, das kostet mich ein City-Bike, weil ich die Wette verloren habe – Prost!»

Lisa nimmt die Gratulationen der Erwachsenen entgegen, die auf ihren Sieg anstoßen. Gleich am nächsten Tag würde sie Rudi mitteilen, dass er sie gerne demnächst in seinen Schachklub mitnehmen dürfe.

Teil III

Lisas Schachtraining

Seit ein paar Monaten ist Lisa Mitglied der Juniorenabteilung des Schachklubs «ChessMate». Rudi, ihr Schulfreund, hatte es ihr leicht gemacht, Anschluss zu finden und andere Mitglieder des Vereins kennenzulernen. «Wir haben die Stärkeklassen A und B», erklärte er Lisa. Als Neumitglied wirst du im B anfangen. Wenn du in den internen Ausscheidungen genügend Punkte sammelst, steigst du in die A-Klasse auf.»
Ihre ersten Partien gegen andere Klubmitglieder fielen unterschiedlich aus. Ein paar Spiele verlor sie, aber sie merkte bald, dass sie bei Weitem nicht die Schwächste war. Zuerst musste sie lernen, mit der Schachuhr umzugehen und sich daran gewöhnen, jeden Zug auf einem vorgedruckten Spielformular zu notieren, wenn es sich um Partien handelte, die für das klubinterne Ranking zählten. Kein Problem für Lisa, die das Notieren der einzelnen Züge von Onkel Erich gelernt hat. Ihren ersten Sieg gegen ihn, der nun schon ein halbes Jahr zurückliegt, hatte sie glücklicherweise auch schriftlich festgehalten. Sie ist mittlerweile dreizehn Jahre alt geworden, und Onkel Erich hat neulich festgestellt, dass seine Haare zu ergrauen beginnen. Das sei nur wegen Lisa, behauptete er, die ihm das Leben mit ihrem Schachspiel immer schwerer mache.
Die *Schachuhr* hat für beide Spieler getrennte Zeitanzeigen, von denen immer nur eine läuft. Hat ein Spieler die ihm zur Verfügung stehende *Bedenkzeit* überschritten (im Turnierschach normalerweise 90 Minuten für die ersten 40 Züge, beim *Schnellschach* zwischen 15 und 60 Minuten, beim *Blitzschach* meist nur 5 Minuten für die gesamte Partie), hat er die Partie verloren. Lisa war es nicht gewohnt, so viel Bedenkzeit zu haben und wurde leicht ungeduldig, wenn ihre Gegenspieler lange Minuten verstreichen ließen bis zum nächsten Zug. Doch manchmal zog sie voreilig, um dann festzustellen, dass sie einen besseren Zug hätte spielen können. Am liebsten spielte sie Blitz- oder Schnellschach.
Es wurde aber nicht nur Zeit mit Schach spielen verbracht. «Mens sana in corpore sano – ein gesunder Geist in einem gesunden Körper», dozierte Roberto, der Juniorencoach, des öfteren, wenn er die jungen

Spielerinnen und Spieler auf die Jogging-Strecke oder zum Fußballplatz führte. Gerne verbringt Lisa ihre Zeit im Schachklub aber auch mit dem Lösen von Schachaufgaben, am liebsten zusammen mit ihren neuen Freundinnen und Freunden.

«Schaut euch diese Probleme an, und versucht sie zu lösen», beginnt Roberto jeweils. «In euren Partien wird sich vielleicht einmal eine ähnliche Konstellation ergeben.»

Das erstickte Matt

«Beim folgenden Problem kommt es zu einem *erstickten Matt*», erklärt Roberto heute. «Das ist eine Situation, in der der König von seinen eigenen Figuren so eingeengt wird, dass ihn ein einzelner gegnerischer Stein mattsetzen kann. Hier kann der weiße König dem Damenschach nicht auf f1 ausweichen. Warum nicht?»

Aufgabe (Diagramm 118):
Wie setzt Schwarz den Angriff
nach Db6+ fort, wenn der weiße
König auf h1 flüchtet?
1. Kh1 …
2. … …
3. … …
4. … … (matt)

Lösung Seite 94

Diagramm 118

Lisa schaut kurz hin und antwortet zuerst: «Ja klar, sonst geht die Dame auf f2 und matt», sagt sie.

«Richtig», nickt Roberto. «Der König geht also nach h1. Und dann setzt Schwarz in vier Zügen matt. Wie, müsst ihr herausfinden!»

«Hm, wenn der König auf h1 steht, kann der Springer auf f2 wieder Schach geben, aber dann?» Das kleine Grüppchen mit Lisa, Nadja, Roger und Rudi überlegt und diskutiert noch eine Weile, dann grinst Rudi, der auch Lust hatte, mit den Freunden vom «B» Schachprobleme zu lösen: «Okay, ich glaube, ich habs!»

«Schön für dich», grummelt Roger, «kannst du uns verraten, wie das gehen soll?»

Rudi spielt Zug für Zug vor, und Roberto nickt anerkennend: «Wow, stark! Gehen wir gleich zum nächsten Beispiel.»

Der direkte Weg zum Sieg

Roberto baut die nächste Stellung auf: «Ich traue euch zu, das folgende Problem relativ schnell lösen zu können, es ist wirklich keine große Sache. Weiß zieht und gewinnt rasch. Beachtet die Löcher in der schwarzen Stellung. Es ist wichtig, dass ihr lernt, solche Chancen zu erkennen und zu nutzen. Weiß zieht also, und Schwarz ist kurz darauf matt. Ich verrate euch nicht, wie viele Züge Weiß für das Mattsetzen benötigt. Im richtigen Spiel gibt dir auch niemand einen Hinweis, dass du den Gegner in soundsovielen Zügen mattsetzen kannst. Rudi, du wirst wahrscheinlich beim ersten Hingucken auf die Lösung kommen, aber lass die andern ein bisschen überlegen, bis sie selber herausfinden, wie Weiß gewinnt und wie viele Züge es bis zum Matt dauert!», beendet Roberto seine Ansage.

Aufgabe (Diagramm 119):
Wie gewinnt Weiß auf dem direktesten Weg?

1. ....
2. ....
3. ....
4. ....

Lösung Seite 94

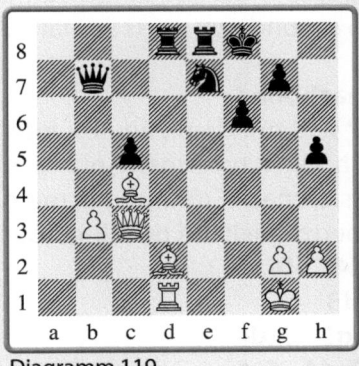

Diagramm 119

«Keine große Sache, hat er gesagt», murmelt Nadja, «dabei steht Schwarz materiell besser als Weiß.» Alle vier konzentrieren sich auf das Brett, und für einen kurzen Moment wird es still im Raum. Nadja, die zwei Jahre älter ist als Lisa, meldet sich als Erste: «Ich würde mit der Dame auf c2, im zweiten Zug dann auf h7 und im dritten auf h8 Schach geben. Schwarz könnte noch den Springer auf g8 stellen, aber dann setzt die Dame auf g8 matt, weil sie vom Läufer c4 geschützt ist.»

«Matt? Der Springer ist ja dann nicht mehr auf e7, der König könnte also abhauen. Aber was machst du, wenn Schwarz im nächsten Zug den Springer auf d5 stellt oder mit dem Turm den Läufer d2 schlägt?», fragt Rudi. «Ehm, äh, Mist, ja, dann geht das natürlich nicht», ärgert sich Nadja. Sie träumt von einer Karriere als Model, hat sie Lisa einmal verraten, und Lisa hat sich gewundert: Model und Schach spielen – wie passt das zusammen? Doch sie mag Nadjas spontane und offene Art, ihre Meinungen zu äußern und findet sie überhaupt nicht affektiert.

Roger hat die Lösung: «Läufer auf h6! Wenn der Bauer g7 den Läufer schlägt, schlägt die Dame den Bauern f6, und der schwarze König ist mattgesetzt.» Doch Roger korrigiert sich gleich selber: «Oh, merde» – seine Mutter ist Französin –, «nein, ich bin ja so blöd, das geht auch nicht. Wenn ich den Läufer auf h6 stelle, schlägt Schwarz natürlich den Turm auf d1.» Roger schüttelt den Kopf und ärgert sich, so voreilig gewesen zu sein. «Schon gut», sagt Roberto, «die Idee war gar nicht so schlecht.»

«Stimmt!», ruft Lisa aufgeregt. «Ich habs! Danke, Roger!» Alle schauen Lisa an, und nun muss sie natürlich ihre Lösung erklären.

Schachblind

«Ihr seid gut drauf, heute», lobt Roberto. «Ich habe da noch etwas für euch. Einen typischen Anfängerfehler. Ihr müsst ihn erkennen, denn er passiert nach Eröffnungen mit d2 gar nicht so selten.»

Roberto spielt auf dem Brett die ersten Züge einer Partie nach:

1. **d4   Sf6**
2. **Sf3   c5**
3. **Lg5   cxd4**
4. **Sxd4   Sc6**
5. **e3?**

«Stopp!» Roberto bittet um Aufmerksamkeit. «Es ist noch gar nicht lange her, da ergab sich genau diese Stellung in einer Partie zwischen zwei Spielern in deiner Gruppe, die ich zufällig als Zuschauer verfolgte», bemerkt er zu Rudi. «Der fünfte Zug von Weiß ist fatal, aber der Spieler mit den schwarzen Steinen war offensichtlich schachblind und spielte d5.

Rosemarie J. Pfortner, www.kunstundschach-rjp.com

Emanuel Lasker (* 24. Dezember 1868 in Berlinchen, Neumarck; † 11. Januar 1941 in New York) war ein deutscher Schachspieler, Mathematiker und Philosoph. Er war der zweite offizielle Schachweltmeister und zugleich der bislang einzige deutsche Träger dieses Titels. Er behauptete diese Position über einen Zeitraum von 27 Jahren (1894 bis 1921) und damit länger als jeder andere Schachweltmeister. 2008 wurde Emanuel Lasker in die Hall of Frame des deutschen Sports aufgenommen [WIKIPEDIA].

Aufgabe (Diagramm 120):
Wieso war 5. e3 ein schlechter
Zug? Wie kann Schwarz davon
profitieren?

5. e3   …
2. …   …
3. …   …
4. …   …

Lösung Seite 94

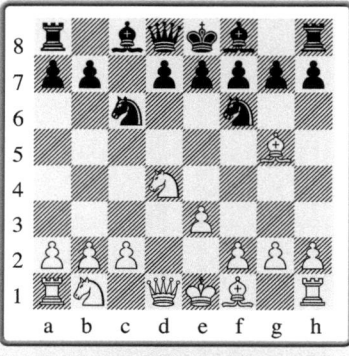

Diagramm 120, Schwarz am Zug

Wieder herrscht kurzes Schweigen. Dann schaut Rudi kurz auf und sagt
mit breitem Grinsen: «He, so gemein, das habe ich auch nicht gleich
gesehen.» Er sagt nicht, was er zuerst übersehen hat und dass ihm nun
völlig klar ist, was Schwarz hätte tun sollen.

«Warte mal», sagt Nadja, «ich glaube, ich würde mit dem Springer auf
e5 und den Läufer angreifen.» Sie blickt unsicher zu Roberto, und der
wackelt mit dem Kopf. «Ja, der Zug ist immerhin besser als d5. Aber
schau noch einmal genau hin!»

«Ach ja», sagen Lisa und Roger fast gleichzeitig. Auch Nadja hat nun den
besten Zug für Schwarz erkannt: «Mensch, dass man so blind sein kann!»
Welches Licht ist den Dreien aufgegangen?

Der vorentscheidende Zug

Robert ist zufrieden. «Gut», sagt er. «Das wärs für heute. Wir wollen ja
nicht übertreiben.»

«Ach komm, das war ja nicht so schwierig», bemerkt Roger. «Ich würde
gerne noch eine Aufgabe lösen, vielleicht etwas richtig Kompliziertes.»

«Ja genau, du darfst uns richtig fordern», bemerkt Lisa, und auch Rudi
und Nadja nicken Robert erwartungsvoll zu.

Der Coach ist verblüfft und ein wenig überrumpelt. «Das war euch zu
einfach, wie? Okay, wenn ihr wollt, stelle ich euch noch ein kleines Prob-
lemchen hin.» Er blättert in seinen Unterlagen und baut dann auf dem
Brett eine Stellung nach, die ziemlich komplex aussieht. Er überprüft, ob

alle Figuren auf dem richtigen Feld stehen und erklärt: «Diese Stellung ist 1896 in einer Partie des damaligen ungarischen Meisters Rudolf Charousek gegen den Russen Michail Tschigorin entstanden. Charousek war damals erst 23 Jahre alt und mausarm. Vier Jahre später ist er an Tuberkulose gestorben. Tschigorin war einer der besten Spieler der Welt, 1892 verlor er den Kampf um den Weltmeistertitel gegen Steinitz knapp. Ihr müsst wissen, dass es schon vor über hundert Jahren geniale Schachspieler gab, die tolle Partien gespielt haben, aus denen wir heute noch lernen können.»

Aufgabe (Diagramm 121):
Welcher Zug von Weiß führt zur
Vorentscheidung?
Charousek–Tschigorin

18. ...   ...
19. ...   ...
20. ...   ...
21. ...   ...
22. ...   ...
23. ...   ...
24. ...   ...
25. ...   ...

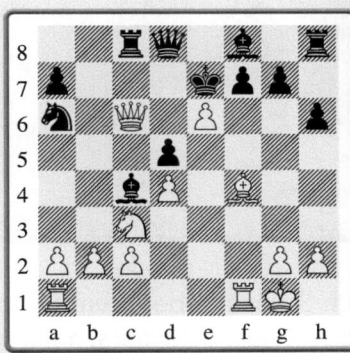

Diagramm 121, Weiß am Zug

Lösung Seite 94

«Hier also eure Aufgabe», fährt der Coach fort. «Die Stellung ergab sich nach dem 17. Zug: Weiß zog den Bauern von e5 nach e6, Schwarz antwortete mit dem Angriff auf die weiße Dame, Turm von a8 nach c8. Der folgende Zug von Charousek war vorentscheidend für den Sieg in dieser Partie. Ich lasse euch nun überlegen, wie euer wichtiger 18. Zug ausgesehen hätte.»

Genüsslich lehnt sich Roberto zurück. Die vier Teenies betrachten die Figuren auf dem Brett und sind etwas verwirrt. «Die weiße Dame ist angegriffen», analysiert Rudi, «und eigentlich kann sie nur auf a4 flüchten oder auf b7 Schach geben. Das bringt aber nichts, im Gegenteil. Schwarz würde mit Turm auf c7 die Dame auf b7 angreifen, und die könnte nirgends mehr hin, wo sie nicht gefressen wird. Weiß kann na-

1) http://chessworld.net/chessclubs/ltpgnviewer32/ltpgnboard.asp?GameID=39805#.VBqWoEhWEmU

Rosemarie J. Pfortner,
www.kunstundschach-rjp.com

José Raúl Capablanca y Graupera
(* 19. November 1888 in Havanna;
† 8. März 1942 in New York City)
war ein kubanischer Schachspieler
und Diplomat. Von 1921 bis 1927
war er der dritte Schachweltmeister
[WIKIPEDIA].

türlich Schach geben, zum Beispiel mit dem Springer den Bauern d5 schlagen. Aber Schwarz schlägt mit dem Läufer zurück, der Springer ist weg und die Dame immer noch angegriffen. Schlägt Weiß dann den Springer a6, geht Schwarz mit dem Läufer auf c4 und greift die Dame auf a6 und den Turm auf f1 gleichzeitig an. Was meint ihr?»

Alle haben Rudi interessiert zugehört und registrieren, dass auch ihr «Champ» keine schnelle Lösung findet und offenbar gefordert ist. «Was ist, wenn der Läufer auf d6 geht und Schach gibt?», fragt Lisa. «Die schwarze Dame nimmt den Läufer, und die weiße Dame schlägt im 19. Zug den Turm c8. Ist das die Lösung?»

«Aber dann schlägt der Läufer c4 den Turm f1, und Schwarz ist im Vorteil», meldet sich Rudi. «Ich glaube nicht, dass das die Lösung ist.»

Darauf hat niemand eine Antwort. Alle betrachten schweigend die Figuren auf dem Brett, bis Roger eine Idee hat: «Moment mal, Schwarz kann doch mit dem Läufer auch auf g5 Schach geben.»

«Gut, h6 schlägt den Läufer auf g5, und dann?», fragt Rudi.

Doch diesmal hat Roger weitergedacht. «Dann schlägt der Turm f1 den Bauern f7 und Schwarz ist schachmatt.»

Rosemarie J. Pfortner,
www.kunstundschach-rjp.com

*«Das Schachspiel hat wie die Liebe,
die Musik, die Fähigkeit,
den Menschen glücklich zu machen.
Ich habe ein leises Gefühl des
Bedauerns für jeden,
der das Schachspiel nicht kennt,
sowie ich jeden bedaure,
der die Liebe nicht kennt.»
(Dr. Siegbert Tarrasch)*

Siegbert Tarrasch (* 5. März 1862
in Breslau; † 17. Februar 1934
in München) war ein deutscher
Schachspieler [WIKIPEDIA].

Zunächst sind alle verblüfft. Interessant, denkt Lisa, diese Variante haben wir bisher übersehen. Doch wenn… «Aber wenn Schwarz den Läufer nicht schlägt, sondern den Bauern f7 auf f6 schiebt?», wirft Nadja ein, die den gleichen Gedanken hatte wie Lisa.
«Dann sehe ich alt aus», gibt Roger nach kurzem Bedenken missmutig zu. Minuten verstreichen. Roberto lächelt.
«Willst du uns auf den Arm nehmen?», fragt Nadja. «Weiß kann mit dem nächsten Zug eigentlich nur etwas Falsches machen, also den vorentscheidenden Verlustzug, nicht aber den zwingenden Gewinnzug.»
Das bringt die andern zwar spontan zum Lachen, aber sie schauen Roberto fragend an: Hat Nadja vielleicht recht?
«Gut, es gibt kein Schachmatt im nächsten oder übernächsten Zug, aber der 18. Zug von Charousek war vernichtend. Er hat die Partie zu seinen Gunsten entschieden, Tschigorin hatte nur noch die Wahl zwischen einem schnellen Matt und dem Verlust seiner Dame. Er hat im 19. Zug seine Dame hergeben müssen und dann noch ein paar Züge gespielt bis zur Aufgabe. Wollt ihr wissen wie das ging, oder fällt euch jetzt spontan noch die Lösung ein? Ihr habt noch drei Minuten… Noch ein Tipp:

Lisa war schon ganz nahe dran, und die Idee von Roger war grundsätzlich überhaupt nicht schlecht.»

Überraschung! Lisa ist perplex. Ich habe überhaupt keine Ahnung, denkt sie. Was war denn mein Vorschlag? «Du wolltest mit dem Läufer auf d6 Schach bieten», erinnert sie Rudi.

«Stimmt», antwortet Lisa, «aber das führt ja zu nichts, wie wir gesehen haben.» Noch eine Minute.

Rudi räuspert sich. «Ich glaube, wir haben etwas ganz Wichtiges übersehen, und ich sehe jetzt, was das war.»

Staunende Gesichter, als Rudi den Zug spielt, mit dem Charousek 1896 in einem beeindruckenden Kombinationsspiel den großen Tschigorin vor ein unlösbares Problem stellte.

Lösungen zu den Aufgaben (Diagramme 118 bis 121)

Diagramm 118
1. Kh1   **Sf2+**
2. **Kg1**   **Sh3+!**
3. **Kh1**   **Dg1+!**
4. **Txg1   Sf2 matt!**

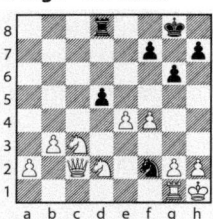

Schlussstellung

Diagramm 119
1. **Dxf6+   gxf6**
2. **Lh6 matt**

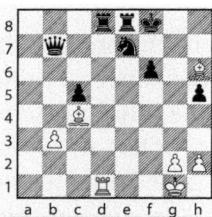

Schlussstellung

Diagramm 120
Schwarz am Zug: **Da5+** und der Läufer g5 ist verloren…

Diagramm 121
18.   **Lc7!**

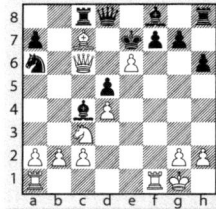

Mögliche Antworten von Schwarz:
18. … Dxc7   19. Txf7+!
18. … De8   19. Dd6 matt
18. … Txc7   19. Txf7 matt
Tschigorin wählte die bestmögliche Antwort, bevor er acht Züge später aufgab:
18. … fxe6   19. Lxd8+ Txd8
20. Db7+ Td7   21. Tf7+ Kxf7
22. Dxd7+ Le7   23. Te1 Te8
24. b3 Kf8   25. bxc4 1:0

Die «Unsterbliche Partie von Rubinstein»

«Uff, das war eine echte Herausforderung», meinte Roger. «Das hat Spaß gemacht. Hast du noch ein ähnliches Beispiel?»

Roberto schaut auf die Uhr. «Ihr seid richtige Plagegeister», grinst er. «Solche Beispiele von früheren Meistern habe ich noch etliche, zum Beispiel…» – er wischt und tippt auf seinem Tablet – «Partien von Steinitz, Lasker, Capablanca, Aljechin, Tarrasch, Euwe und andern Größen aus der Zeit zwischen 1886 und 1948.»

Er öffnet eine App: «Da sind Partien aus der jüngeren Vergangenheit kommentiert, die Namen dieser Meister kennt ihr vielleicht: *Spasski, Fischer, Karpow, Kasparow, Kramnik, Anand, Carlsen, Caruana,* … Ach, die nehmen wir uns später vor. Ich habe hier noch ein Juwel von einem Kombinationsspiel, gespielt 1907 im Rahmen des allrussischen Turniers in Łódź. *Akiba Rubinstein* – schon mal gehört –? spielte gegen *Gersz Rotlewi*, beide waren polnische Staatsangehörige. Dieser Kampf ging als die ‹Unsterbliche Partie von Rubinstein[1]› in die Schachgeschichte ein. Ihr findet diese Partie auch auf *YouTube* und andern Internetseiten, wenn ihr Lust habt, sie nachzuspielen.»

Der Coach bringt die Figuren auf dem Brett wieder in die Startaufstellung und spielt die Partie Zug um Zug nach. «Ich empfehle euch wirklich, diese Partie einmal in Ruhe nachzuspielen, aber heute bleibt uns nicht mehr die Zeit dafür, und so befassen wir uns nur mit der Schlussphase dieses Kampfes. Rotlewi hatte die weißen Steine, und es kam zu einer Variante des abgelehnten Damengambits. Ich spiele die ersten 20 Züge rasch durch, ohne sie zu kommentieren.»

Roberto kann sich kurze Kommentare trotzdem nicht verkneifen, so meinte er zum 10. Zug von Weiß, dass statt Dd2 wahrscheinlich c4xd5 oder Dc2 besser gewesen wären und dass die drei Läuferzüge hintereinander vom 11. bis 13. Zug ein *Tempoverlust* waren.

«Wir haben es nicht eilig», meint Roger. Lisa und Nadja können sich ein Kichern nicht verkneifen.

«So, aufgepasst!», ruft Roberto. «Wir sind beim 20. Zug angekommen, Rotlewi ist nach Rubinsteins 19. Zug, Lb6+, mit dem König in die Ecke auf h1 gegangen, eine Alternative hatte er nicht. Nun schaut euch die Stellung auf dem Brett genau an! Rubinstein steht positionell besser und macht den nächsten Zug. Frage an euch: Was schlägt ihr vor, wie

---

[1] http://de.wikipedia.org/wiki/Rubinsteins_Unsterbliche_Partie

soll Schwarz den Angriff weiterführen? Zunächst ist ja noch sein Springer angegriffen…»

Rotlewi–Rubinstein, Łódź, 1907 [1]

1. d4	d5	8. b2–b4	Ld6	15. O-O	Se5
2. Sf3	e6	9. Lb2	O-O	16. Sxe5	Lxe5
3. e3	c5	10. Dd2	De7	17. f4	Lc7
4. c4	Sc6	11. Ld3	d5xc4	18. e4	Tac8
5. Sc3	Sf6	12. Lxc4	b5	19. e5	Lb6+
6. d4xc5	Lxc5	13. Ld3	Tf8–d8	20. Kh1	
7. a2–a3	a6	14. De2	Lb7		

Gemurmel unter den Juniorinnen und Junioren. «Springer auf d5», meint Nadja. Andere Vorschläge kommen nicht. «Ich sehe auch keinen besseren Zug», sagt Roger, «irgend etwas Sensationelles wird er wohl kaum gemacht haben. Mit dem Läufer g2 schlagen und Schach geben? Der König schlägt den Läufer, Schwarz geht mit der Dame auf b7 und greift den König erneut an, aber Weiß kann eine Figur auf e4 dazwischen stellen.»

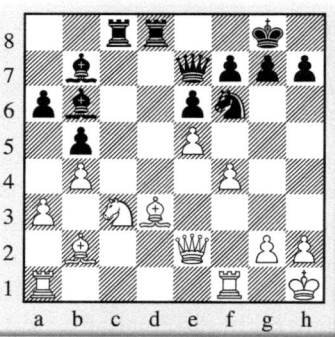

Diagramm 122, Schwarz am Zug,

«Einverstanden», entgegnet Roberto, «Springer auf d5 hätten hier wohl fast alle gespielt. Rubinstein nicht, er antwortet mit…»

20. … Sg4!

«Oh, ich sehe!», ruft Lisa überrascht, «die Dame soll den Springer schlagen, damit der Turm d8 den Läufer d3 schlagen kann.»

«Richtig», sagt Roberto und führt den folgenden Zug aus:

21. Le4

Roberto erklärt: «Weiß hätte mit dem Läufer statt nach e4 zu gehen auch h7 mit Schachgebot schlagen können, um danach mit der Dame den Springer wegzuräumen. Aber nach Turm d8–d2 sieht es nicht gut aus für Weiß. Läufer e4 ist in Ordnung. Nun ist wieder Schwarz an der Reihe: euer Vorschlag?»

[1] http://de.wikipedia.org/wiki/Rubinsteins_Unsterbliche_Partie

«Läufer e4 schlagen, oder Springer schlägt h2 – der König dürfte auf h2 nicht schlagen, sonst setzt ihn die Dame auf h4 matt –, denkbar ist auch Dame auf h4 mit Mattdrohung», analysiert Rudi.

«Super! Der letzte Vorschlag ist der beste, genau das machte Rubinstein», sagt Roberto und stellt die schwarze Dame auf h4.

21. ... **Dh4** *(Diagramm 123)*

«Mögliche Antworten von Weiß, um die Mattdrohung abzuwehren?», fragt der Coach. Ohne abzuwarten führt er den nächsten Zug aus:

22. **g3** *(Diagramm 124)*

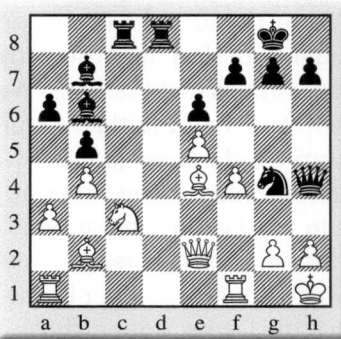

Diagramm 123, nach 21. Le4 Dh4

«Nun seid ihr wieder dran. Stellt euch vor, dass die gesamte russische Schachelite und Leute von der Presse an dem Turnier anwesend sind und diese spannende Partie gebannt verfolgen. Kann Rubinstein seinen Angriff erfolgreich weiterführen?», fragt Roberto.

«Ich bin ja kein Großmeister, und mir sticht nur ein Zug ins Auge», meint Nadja, «und der ist ganz einfach: Läufer b7 schlägt Läufer e4 und gibt Schach.» Aus dem kleinen Grüppchen meldet sich sonst niemand. Was spricht denn dagegen, diesen naheliegenden Zug auszuführen?, überlegt Lisa. Bin ich auch schon schachblind?

«Ich will euch nicht auf die Folter spannen», unterbricht Roberto das Schweigen, «sonst wird es zu spät heute. Hier Rubinsteins nächster Zug...»

22. ... **Txc3 !!** *(Diagramm 125)*

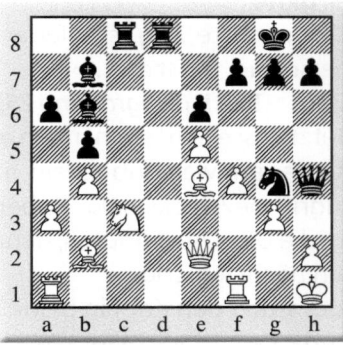

Diagramm 124, nach 22. g3

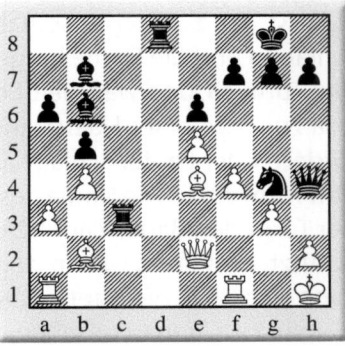

Diagramm 125, nach 22. g3 Txc3!

97

«Mann, darauf wäre ich nie gekommen!», staunt Roger. Lisa, Nadja und sogar Rudi sind genauso verblüfft.

Lisa kann es nicht fassen: «Weiß kann den Läufer auf b7 schlagen oder die Dame h4 beseitigen oder den Turm c3!? Moment – er schlägt den Turm c3, dann schlägt Schwarz den Läufer e4 mit Schachgebot, die Dame schlägt Läufer e4 und die schwarze Dame setzt auf h2 matt – nein, die Dame schlägt den Läufer e4 nicht, sondern zieht auf g2 und wird dort vom Läufer geschlagen. Dann wird Weiß trotzdem im nächsten Zug auf h2 von der Dame mattgesetzt. Also schlägt Weiß doch einfach die Dame, oder nicht?»

«Gut kombiniert», lobt der Coach. «So ist es, Weiß schlägt die Dame.»

23. gxh4

«Der nächste Zug ist wieder ein Hammerschlag, passt auf…».

23. … Td2 !! *(Diagramm 126)*

«Jetzt lasse ich euch noch ein wenig überlegen, was Rubinstein mit diesem Angriff bezweckt hat.» Roberto schaut auf die Uhr. Drei Minuten, dann zeige ich den nächsten Zug.

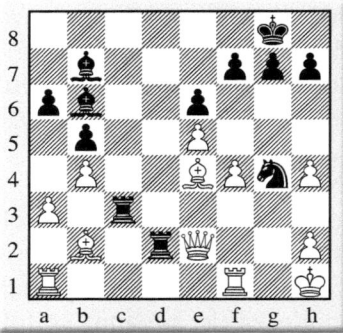

Diagramm 126, nach 23.gxh4 Td2!

Rudi stützt den Kopf in beide Hände und starrt auf das Brett. «Faszinierend», sagt er. «Schlägt Weiß den Turm d2, dann schlägt Läufer b7 den weißen Läufer e4 mit Schachgebot, und Weiß muss mit der Dame auf g2. Und dann… Tc2?»

«Mir ist das zu hoch!», seufzt Nadja. «Weiß kann doch den Läufer b7 schlagen und die Dame hergeben. Darauf schlägt Weiß mit dem Läufer den Turm c3, und was bleibt dann Schwarz noch übrig?»

Lisa zupft an einer Haarsträhne, was bei ihr anscheinend das Denken fördert. «Der Läufer schlägt also b7, der Turm die Dame e2, der Läufer den Turm c3, so wie Nadja gesagt hat, aber Moment, dann schlägt doch der Turm den Bauern auf h2 und fertig! Der Turm ist vom Springer geschützt, und auf g1 kann der König wegen des Läufers b6 nicht. Also kann sich Weiß nicht retten, wenn er b7 schlägt.»

«Super, Lisa, genau gesehen», grinst Rudi. «Also muss die weiße Dame den Turm d2 schlagen, einen besseren Zug sehe ich nicht.»

«Stimmt», pflichtet ihm Roger bei, «aber umsonst hat Schwarz den Turm bestimmt nicht opfern wollen. Roberto, großer Meister, erlöse uns und zeig, wie es weitergeht!»

«Ich bin nicht der große Meister», lacht Roberto, ich spiele nur eine Partie nach, die es verdient hat, in die Schachgeschichte einzugehen. Hier also das Schlussbouquet! Ihr habt prima kombiniert und den nächsten Zug richtig vorausgesagt:

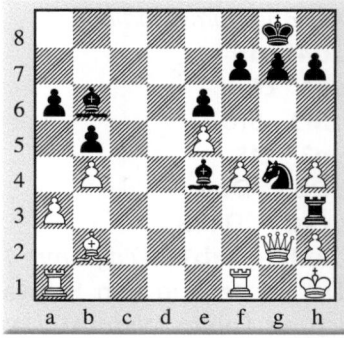

Diagramm 127, nach 25. Dg2 Th3!

24. **Dxd2   Lxe4+**
25. **Dg2   Th3 !** *(Diagramm 127)*

«Das ist die Schlussstellung. Weiß kann mit keinem Zug mehr das Matt Txh2 verhindern, höchstens hinauszögern, zum Beispiel mit Läufer nach d4 oder Turm nach f2. Rubinstein hat kompromisslos alles hergegeben für das finale Matt.»

Die Teenies applaudieren.

Von Fesselungen und Ablenkungen

Eine Woche später. Die vier Unzertrennlichen haben sich wieder an einen der Tische im Klub gesetzt und freuen sich auf die neuen Schachaufgaben, die ihnen der Coach vorsetzen wird.

«Ich habe hier ein paar lehrreiche Beispiele gespeichert», verkündet Roberto, «dabei geht es um Blockaden, Fesselungen, Ablenkungen und Eröffnungsfehler. Das Material ist aus einem alten Lehrbuch von *Jakob Neistadt* [1]) und kann helfen, die richtigen Entscheidungen zu treffen, wenn ihr euch in ähnlichen Situationen befindet wie in den Beispielpartien. Ihr könnt die Probleme zusammen diskutieren wie am letzten Freitag. Ihr seid längst keine Anfänger mehr und werdet die richtigen Lösungen finden. Im ersten Beispiel geht es um eine etwas verunglückte Eröffnung des Spielers mit Schwarz. Dabei ergibt sich für Weiß schon früh die Gelegenheit, einen Bauern umzuwandeln.» Roberto spielt die ersten Züge der Partie nach.

[1]) Jakob Neistadt: Eröffnungsfehler und lehrreiche Kombinationen.
1978, Schachverlag Rudi Schmaus

Die Bauernumwandlung

1. **d4**   **d5**
2. **c4**   **c6**
3. **Sf3**   **Sf6**
4. **e3**   **Lf5**
5. **Db3**   **Db6**
6. **cxd5**   **Dxb3**
7. **axb3**   **Lxb1?** *(Diagramm 128)*

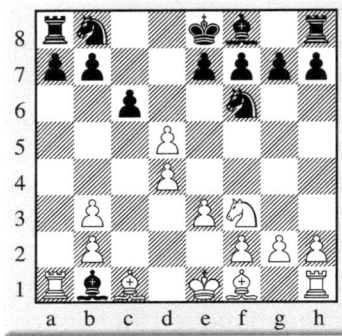

Diagramm 128, nach 7. axb3 Lxb1

«Der letzte Zug von Schwarz erweist sich als Fehler. Warum? Welches wäre euer nächster Zug?», fragt der Coach.

«Wenn du mich so fragst, finde ich die schwarze Stellung gar nicht so schlecht, im Gegenteil. Nachdem Weiß den Läufer schlägt, schlägt der schwarze Springer den Bauern d5 und steht gut», findet Lisa.

«Nadja und Roger: eure Meinung?»

«Es muss wohl etwas Überraschendes passieren», vermutet Nadja, «sonst würdest du nicht so bohren. Gut, er lässt den Läufer stehen und schlägt den Bauern c6.» Sie schaut Roberto zweifelnd an.

«Super gedacht!», lobt Roberto, «genau das macht Weiß. Schwarz will nun seinen Läufer in Sicherheit bringen und gleichzeitig verhindern, dass Weiß mit dem Bauern b7 und dann den Turm a8 schlagen kann. Und jetzt die eigentliche Aufgabe für euch: Mit welchem Zug setzt Weiß die Partie fort, um sie zu seinen Gunsten zu entscheiden?»

Aufgabe (Diagramm 129):
   8. **dxc6**   **Le4**
Wie setzt du die Partie fort?
   9. …   …
   10. …   …
   11. …   …

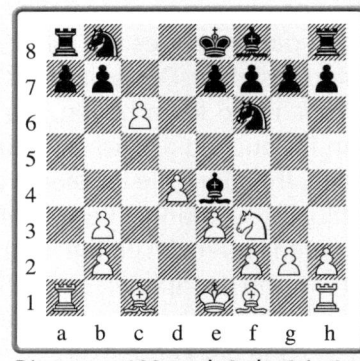

Diagramm 129, nach 8. dxc6 Le4

Lösung Seite 112

«Vielleicht gibt es eine Möglichkeit, den Bauern c6 weitermarschieren zu lassen», meint Rudi.

«Aber wie? Bauer b7 schlagen geht nicht wegen des Läufers e4, Bauer nach c7 geht, aber nach Sb8–c6 kommt der Turm a8 ins Spiel, danach geht der schwarze Springer nach d5, und weg ist der Bauer», kommentiert Roger.

«Ah, ich sehe den Gewinnzug!», ruft Rudi nach einer Weile. Fast gleichzeitig geht auch Lisa ein Licht auf: «Ich glaube, ich weiß, was du meinst.» Auch Nadja und Roger melden, dass sie die Lösung gefunden haben.

«Das ist ja tricky», sagt Roger, «ich glaube nicht, dass ich den Zug in einem richtigen Spiel zum Voraus gesehen hätte.»

«Ihr könnt solche Partien auf eurem Tablet speichern», empfiehlt Roberto, dafür sind die Dinger ganz nützlich. Gehen wir zum nächsten Beispiel.»

Bilden und Ausnützen einer Fesselung
«Im folgenden Beispiel ist die *Fesselung* das Thema», erklärt Roberto und spielt die ersten Züge einer Partie schnell vor.

Robatsch [1] – Jansa [2], 1974

1. c4	f5		6. Lg2	d6
2. Sf3	Sf6		7. d4	c6
3. g3	g6		8. 0–0	Kh8

«Das ist eine Variante der *Königsindischen Verteidigung*», erklärt Roberto.

4. b3	Lg7
5. Lb2	0–0

«Kh8 war eigentlich unnötig», bemerkt der Coach.

9. d5	Da5
10. Sc3	Sxd5
11. cxd5	Lxc3

«Nun betrachtet die Stellung etwas genauer. Schwarz hat einen Mehrbauern. Hat Weiß ungenau gespielt? Macht einen Vorschlag, wie ihr mit Weiß weiterspielen würdet!»

«Du gibst uns Rätsel auf», murmelt Nadja. «Weiß muss doch jetzt einfach den Läufer c3 schlagen, oder nicht?»

«Das ist es gerade, was ich euch mitgeben möchte», antwortet Roberto geduldig. «Jeder Durchschnittsspieler würde den Zug machen, den Nadja

[1] http://de.wikipedia.org/wiki/Karl_Robatsch   [2] http://de.wikipedia.org/wiki/Vlastimil_Jansa

Aufgabe (Diagramm 130):
11. cxd5   Lxc3
Welche nächsten Züge bringen
Weiß den entscheidenden
Vorteil?
11. ...   ...
12. ...   ...
13. ...   ...

Lösung Seite 112

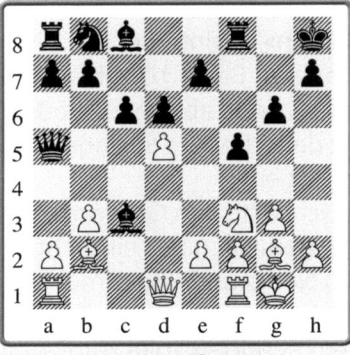

Diagramm 130, Weiß am Zug

vorschlägt. Das ist kein Vorwurf, denn es wäre nicht der schlechteste Zug, aber manchmal lohnt es sich, eine Stellung vertiefter anzuschauen, statt das Naheliegendste zu tun.»

«Dame nach c2 wäre möglich, aber wohl auch nicht so genial. Den meinst du nicht...» Roger verstummt plötzlich, dann hellt sich seine Miene auf: «Oh, natürlich, du hast etwas von Blockaden und Fesselungen gesagt, also, die Blockade hatte ich eben im Kopf, und hier geht es um eine Fesselung. Jetzt sehe ich sie!»

Roger hat die Lösung gefunden, und auf sein Stichwort hin wird auch den andern klar, was er gemeint hat.

Die Entfesselung

Roberto ist sehr zufrieden mit dem Team und baut rasch eine neue Problemstellung auf. Die sei aus einer *Spanischen Eröffnung* heraus entstanden, erklärt er, der letzte Zug von Schwarz war Springer von c6 nach a5, um den Läufer b3 anzugreifen. «Solche Stellungen ergeben sich immer wieder», meint er, und nun fragt er in die Runde: «Ihr seht, der Springer f3 ist gefesselt. Findet einen Weg, den Springer zu entfesseln und den gegnerischen König anzugreifen. Vielleicht habt ihr vom berühmten *Seekadettenmatt* schon gehört, hier haben wir jedenfalls eine ähnliche Ausgangslage.»

«Seekadettenmatt, das kenne ich», sagt Rudi, «aber wie war das schon wieder? Wartet, ich komme noch drauf, Sekunde, es fängt damit an, dass Weiß...»

Aufgabe (Diagramm 131):
Weiß stellt Schwarz eine Falle, die dem Gegner zum Verhängnis wird. Wie geht das?

1. ...   ...
2. ...   ...
3. ...

Lösung Seite 112

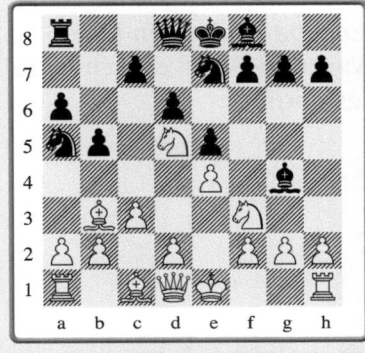

Diagramm 131, Weiß am Zug

«Gut, Rudi, du kennst das. Der Ablauf ist tatsächlich ähnlich wie beim Seekadettenmatt, auch wenn die Ausgangslage nicht dieselbe ist. Aber lass die andern noch ein wenig nachdenken.»

«Du warst bei den Seekadetten?» fragt Nadja.

«Quatsch», entgegnet Rudi und weiß natürlich, dass Nadja ihn auf den Arm nehmen will. «Das ist nur so eine Bezeichnung wie ‹Schäfermatt›, aber was das mit Seekadetten zu tun hat, weiß ich auch nicht.»

«Ich habe das auch schon irgendwo gesehen», erinnert sich Lisa. «Weiß setzt mit den Springern und dem Läufer den gegnerischen König matt.»

«Dann sollten wir eigentlich draufkommen», findet Roger.

Wenige Minuten später ist der Fall gelöst.

Linien öffnen

«Weil ihr so fit seid, gehen wir gleich zur nächsten Aufgabe.» Der Coach wischt auf seinem iPad und findet das Gesuchte. «Schaut diese Stellung bitte genau an. Schwarz hat eine richtige Festung aufgebaut, die schwer zu knacken scheint. Doch es gibt eine Schwachstelle. Wie schafft Weiß den Durchbruch?»

Roberto lässt das Team ein paar Minuten allein, um an einem andern Tisch ein Spiel zweier Junioren zu verfolgen. «Bin in fünf Minuten zurück.»

«Was machen wir damit?», fragt Roger, nachdem zunächst alle schweigend die Stellung betrachtet haben. «Ich bin wieder einmal schachblind.»

Aufgabe (Diagramm 132):
Wie knackt Weiß die schwarze
Festung?
1. ...   ...
2. ...   ...
3. ...

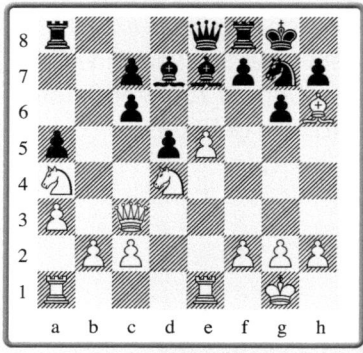

Diagramm 132, Weiß am Zug

Lösung Seite 112

«Mir sticht der Bauer e5 ins Auge. Wenn unser Meister von Durchbruch spricht, meint er vielleicht Bauer e5 nach e6», ist Rudis Vorschlag.

«Schwarz wird den Bauern schlagen, mit dem Läufer oder dem Bauern f7, und dann?» Lisa ist skeptisch.

«Ja, ich denke auch, dass e5–e6 der richtige Zug ist und Schwarz den Bauern schlägt», antwortet Rudi, aber wir sollen einen Schwachpunkt erkennen. Und ich sehe diesen Schwachpunkt», gibt sich Rudi überzeugt.

Rudi führt am Brett vor, was er gemeint hat, dann ruft Roger zum Nachbartisch rüber: «Chef, du kannst kommen, unser Käpt'n hat, glauben wir, den Durchbruch geschafft!»

Kühlen Kopf behalten
«Hier noch ein Beispiel zum Thema Fesselung. Die Partie wurde 2013 im Rahmen des Kandidatenturniers für die Weltmeisterschaft in London gespielt. Wir spielen nur die Schlussphase der Partie zwischen *Magnus Carlsen* und *Boris Gelfand* nach [1]. Carlsen gewann das Turnier und durfte danach den Titelverteidiger *Viswanathan Anand* herausfordern. Wie ihr wisst, hat Carlsen noch im gleichen Jahr auch diese Hürde genommen und ist Weltmeister geworden. Zur Entspannung müsst ihr keine Aufgabe lösen, sondern wir schauen uns einfach die letzten Züge des Spiels an.» Im Nu hat Robert sein Tablet mit dem Beamer verbunden und projiziert das Schachdiagramm auf die Leinwand.

[1] http://www.chessgames.com/perl/chessgame?gid=1713491

Ihr seht die Stellung nach dem 41. Zug, Schwarz hat zuletzt Dc3 gespielt», doziert Roberto *(Diagramm 133)*. «Wie beurteilt ihr die Chancen für Weiß?»

«Sieht nach remis aus», meint Rudi. «Weiß schlägt b7, Schwarz c5, dann wird es schwierig, den Mehrbauern durchzubringen.»

Die andern sind gleicher Meinung. «Gut», sagt Roberto und spielt Carlsens nächsten Zug:

42. Dxb7

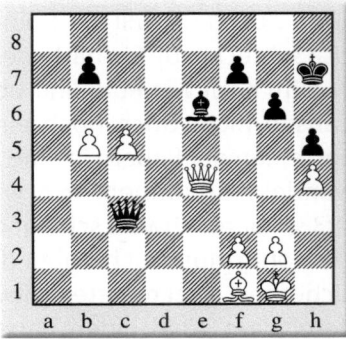

Diagramm 133, Weiß am Zug

«Wie ihr vermutet habt. Doch Gelfand schlägt nun nicht c5, sondern geht mit der Dame nach e1!»

42. ... De1 *(Diagramm 134)*

«Macht das Sinn?», fragt Nadja.

«Ihr seht gleich im nächsten Zug, was Schwarz beabsichtigt», entgegnet der Coach.

43. b6 Lc4 *(Diagramm 135)*

«Clever», bemerkt Rudi. «Der Läufer ist nicht mehr zu retten.»

«Also, was meint ihr? Ist die Partie für Weiß verloren? Was wäre euer nächster Zug?»

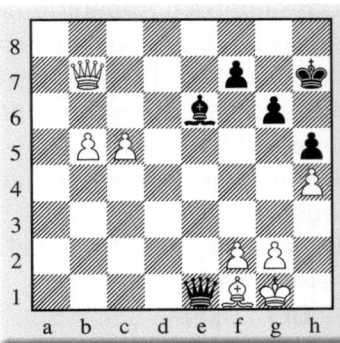

Diagramm 134, Weiß am Zug

«Ich würde aufgeben», sagt Nadja. «Mit einer Figur mehr gewinnt Schwarz.»

«Gleicher Meinung?», fragt Roberto Lisa und die beiden Jungs.

«Sehe ich auch so», pflichtet ihr Roger bei.

Rudi sieht es anders: «Jetzt ist Weiß am Zug. Ich würde mit der Dame auf f3, um zu verhindern, dass Schwarz nach dem Läufer auch den Bauern f2 holt.»

Diagramm 135, Weiß am Zug

«Und du, Lisa?», will der Trainer wissen. Lisa schreckt auf. Sie hatte den gleichen Zug im Kopf wie Rudi und überlegt, ob Carlsen nicht doch noch eine Chance hat, einen der Bauern in eine Dame umwandeln zu können. «Ich würde auch Df3 spielen. Schwarz schlägt den Läufer, der König muss auf h2, aber dort ist er in Sicherheit. Jetzt müsste Schwarz verhindern, dass Weiß einen Bauern durchbringt.»

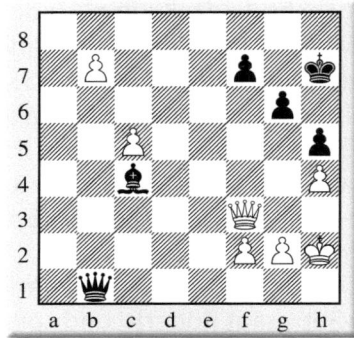

Diagramm 136, Schwarz am Zug

«Das nenne ich Abgebrühtheit. Genauso ist es!», freut sich Roberto. Deshalb habe ich dieses Beispiel gewählt: «Lasst euch nicht so schnell beeindrucken, behaltet kühlen Kopf.»
«Mann, du abgebrütetes Weib», spottet Roger.
«Es heißt abgebrüht, nicht abgebrütet», kreischt Nadja.

44. Df3   Dxf1+
45. Kh2   Db1

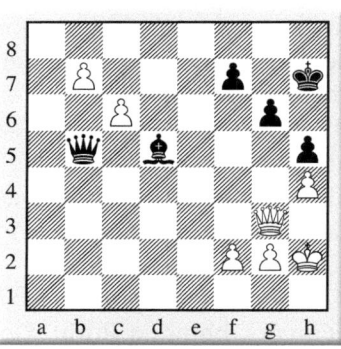

Diagramm 137, Schwarz gab auf

46. b7 *(Diagramm 136)*
Roberto hat die nächsten Züge gespielt.
46. ...   Db5
47. c6   Ld5
48. Dg3 (1:0, *Diagramm 137*)
«Perfekt, die Partie ist entschieden», ruft Rudi. «Weiß wandelt den Bauern auf b8 in eine zweite Dame um, der Rest ist Formsache.»

Die Hinlenkung
«Ihr wart heute gut drauf», lobt Roberto. «Zum Schluss und zur Entspannung noch ein hübscher Dreizüger aus der Kategorie der Hinlenkungen. Dabei wird ein gegnerischer Stein mit Hilfe eines Opfers auf die gewünschte Position hingelenkt.» Er konsultiert sein Tablet und baut die

Stellung auf. «Die schwarze Dame hat zuletzt vom Feld e6 aus den Bauern a2 geschlagen und droht mit Matt auf a1. Wie löst sich Weiß aus dieser Bredouille? Wenn ihr es geschickt anstellt, gewinnt Weiß in drei Zügen. Ab die Post, ich gebe euch höchstens fünf Minuten!»

Aufgabe (Diagramm 138):
Wie kann sich Weiß aus dieser
bedrohlichen Lage befreien und
die Partie zu seinen Gunsten
entscheiden? [1])
1. ... ...
2. ... ...
3. ...

Lösung Seite 112

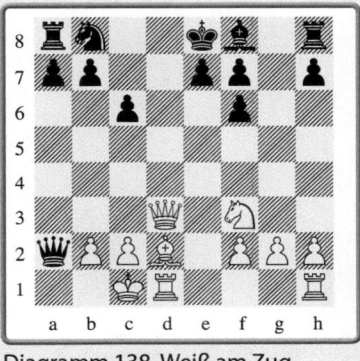

Diagramm 138, Weiß am Zug

«Das tönt kompliziert mit dieser Hinlenkung. Weiß muss doch jetzt zunächst das Matt auf a1 verhindern», meint Nadja. «Zum Beispiel mit Dame nach a3…, aber das kann es ja nicht sein. Hm, so wie wir dich kennen, erwartest du einen Hammerzug, Dame d8 mit Schachgebot – ist es das?»

«Weiter», schmunzelt Roberto, «denk das Ganze zu Ende!»

«Klick!», grinst Rudi. «Das ist wirklich der Hammer!» Er blickt entzückt auf das Schachbrett und schaut dann Lisa erwartungsvoll an.

Lisa schaut konzentriert auf das Feld d8 und visualisiert die Stellung, die sich ergeben würde, wenn die weiße Dame da stünde. Der gegnerische König müsste sie schlagen und… Dann sieht sie auf einmal klar, auch Roger und Nadja haben kurz darauf die Lösung gefunden.

«Perfekt. Nächste Woche ist kein Training, da spielt unser Juniorenteam gegen die Junioren von Schwarz-Weiß», verkündet Roberto. «Ein Platz ist noch zu besetzen, und ich denke, dass das eine Gelegenheit ist, dich in unser Team aufzunehmen», grinst er Lisa an.

Lisa reagiert erschrocken. «Meinst du…?» Ihr fehlen die Worte. Träume ich? Sie schaut den Coach fragend an. «Ich habe mich doch noch gar nicht für die A-Gruppe qualifiziert.»

[1]) Tarrasch–Amateur, 1931

Zeichnung von Rosemarie J. Pfortner
www.kunstundschach-rjp.com

Robert James «Bobby» Fischer (* 9. März 1943 in Chicago; Illinois; † 17. Januar 2008 in Reykjavik, Island) war ein US-amerikanischer Schachspieler. Er war von 1972 bis 1975 Schachweltmeister. Bereits als 16-Jähriger nahm er am Kandidatenturnier teil, dessen Sieger den Weltmeister herausfordern durfte. Den Titel gewann er 1972 in einem als Match des Jahrhunderts bezeichneten Wettkampf gegen Boris Spasski [WIKIPEDIA].

«Doch, das hast du. Du hast die letzten Partien in der B-Gruppe alle gewonnen und genug Punkte gesammelt, um im A-Team spielen zu können. Außerdem brauchen wir dringend Verstärkung, wenn wir das Aufstiegsspiel gegen Schwarz-Weiß gewinnen wollen.»

«Da würde ich nicht lange überlegen», wirft Nadja ein.

Auch Roger ist der Meinung, dass Lisa den Platz verdient habe. «Du steckst doch alle in die Tasche», gibt er sich überzeugt. «Nadja und ich kommen als moralische Verstärkung, nicht wahr, Nadja?»

«Klar, ist doch Ehrensache. Wir werden für dich und Rudi die Daumen drücken.»

«Das ist super!», sagt Rudi, und zu Lisa gewandt: «Du musst überhaupt nicht nervös sein, weißt du, die kochen auch nur mit Wasser.»

Wieder eine von Rudis altklugen Bemerkungen, aber Lisa freut sich über die Aufmunterungen. Der Coach verabschiedet die übrigen Team-Mitglieder, um anschließend Lisa über den Ablauf ihres ersten Meisterschaftsspiels zu informieren.

Weltmeister Magnus Carlsen (links) und Viswanathan Anand signierten diese Bleistiftzeichnung 2014 in Zürich.

Bleistiftzeichnung von Rosemarie J. Pfortner
www.kunstundschach-rjp.com

Das Gespräch mit dem Trainer

«Danke, dass du noch kurz etwas Zeit hast», eröffnet Roberto das Gespräch. «Ich habe dich nicht überrumpeln wollen mit der Ankündigung, dass du nächste Woche in unserem Team bist, das in der zweithöchsten Juniorenliga mitmacht. Ich habe in letzter Zeit mitbekommen, dass du große Fortschritte gemacht hast. Du hast das Potenzial, eine richtig starke Spielerin zu werden, und ich denke, dass es gut wäre für dich, erste Wettkampferfahrungen zu machen. Wie siehst du das?»

Lisa fehlen immer noch die Worte. Sie freut sich über Robertos Lob, aber jetzt melden sich wieder die Zweifel, die sie früher so lange davon abhielten, Rudis Wunsch nachzugeben, als er sie in den Schachklub einführen wollte. Ihr erster Sieg über Onkel Erich hatte sie ermutigt, einen Schritt weiter zu gehen, und diesen Schritt hatte sie bisher nie bereut, im Gegenteil. Der Klub macht ihr Spaß, sie hat neue Freundinnen und Freunde kennengelernt, und sie hat einen gewissen Ehrgeiz entwickelt, ihr Schachspiel noch weiter zu verbessern. «Aber ich weiß nicht, ob ich so ein Spiel gewinnen kann», sagt sie unsicher.

«Ach, darüber mach dir keine Gedanken! Du wirst gewinnen, du wirst verlieren, egal, wer weiß das schon. Wichtig ist, dass du neue Erfahrungen sammelst und daraus lernen kannst. Nicht nur Siege, sondern auch Niederlagen bringen dich weiter. Wer sich nie mit andern vergleicht, weiß nicht wirklich, wo er steht. Geh nicht davon aus, dass ich von dir ein bestimmtes Resultat erwarte.»

Roberto erklärt ihr, dass sie mit den weißen Steinen am sechsten Brett spielen würde. Sie weiß, dass jedes Team aus sechs Spielern besteht und dass der am stärksten eingestufte Spieler oder die beste Spielerin am ersten Brett sitzen würde. Das Heimteam spielt an den Brettern eins, drei und fünf mit Weiß. Roberto empfiehlt ihr, gegen den Gegner oder die Gegnerin von Schwarz-Weiß die Eröffnung zu spielen, die sie am liebsten spielt. Sie plaudern noch ein wenig, und Lisa beginnt sich allmählich auf ihren ersten wettkampfmäßigen Einsatz zu freuen.

«Ich muss dir sagen, dass ich gar nicht so viel Zeit aufwende, um Schacheröffnungen auswendig zu lernen und Lehrbücher über Schachstrategie zu studieren», gesteht sie Roberto unterwegs auf dem gemeinsamen Weg zur nächsten Bushaltestelle. «Ich sollte vielleicht mehr Zeit ins Schach investieren, wenn ich einmal an einem größeren Turnier mitspielen möchte. Aber ich bin, ehrlich gesagt, nicht sicher, ob ich das will. Ich finde Schach spielen faszinierend und spannend, aber ich kann mir nicht vorstellen, mich nur aufs Schach zu konzentrieren.»

Lisa hat gesagt, was ihr schon seit Längerem durch den Kopf geht. Sie erinnert sich an «Die Schachnovelle» von Stefan Zweig, das Buch, das ihr Maya zu Weihnachten geschenkt hatte, und an einen von Rogers Sprüchen, der einmal behauptete, dass die meisten Schachweltmeister eine Macke haben und viele von ihnen im Irrenhaus gelandet sind. Roger hatte gemeint, dass ihm das nicht passieren könnte, schließlich sei er dafür nicht klug genug. Die andern lachten, auch Lisa, aber etwas an Rogers unbekümmerter Äußerung stimmte sie nachdenklich.

«Schön, dass du so ehrlich bist», erwidert Roberto. «Ob du einmal an Turnieren um Elo-Punkte kämpfst oder Schach nur zum Vergnügen spielst, kannst nur du selber bestimmen. Du wirst eine Lehre machen oder studieren, was weiß ich, du wirst einen Beruf wählen und vielleicht eine feste Beziehung haben, die dir das Wichtigste ist. Bloß weil du talentiert bist, bist du nicht verpflichtet, eine Schachkarriere anzustreben.»

Roberto macht eine Pause und fährt fort: «Sieh mich an: Ich spiele gerne Schach, und der Job als Juniorentrainer macht mir Spaß. Das ist eine Voraussetzung, um überhaupt im Klub mitzumachen. Ein wirklich guter Turnierspieler bin ich aber nicht, und ich hatte auch nicht den Ehrgeiz, eine Schachgröße zu werden. Ich weiß, wo meine Grenzen sind und habe außer Schach auch andere Hobbys, vor allem meine Familie und Freunde, die mir wichtig sind.»

«Stimmt es denn, dass viele Schachmeister in der Klapsmühle landen?» Lisa wagt es endlich, die Fragen zu stellen, die sie beschäftigen.

Zu ihrer Überraschung lacht Roberto lauthals los. Sie haben die Haltestelle erreicht, und ein Bus ist ihnen buchstäblich vor der Nase weggefahren. «Das höre ich nicht zum erstenmal. Aber es stimmt nicht, dass die besten Schachspieler alle irre geworden sind. Es gibt zwar einige, die tatsächlich Psychosen entwickelt haben. Steinitz zum Beispiel, der erste offizielle Schachweltmeister, starb um 1900 verbittert und verarmt in einem New Yorker Irrenhaus.

Oder *Bobby Fischer*, der amerikanische Exzentriker, der 1972 in Reykjavik gegen *Boris Spasski* im Match des Jahrhunderts den Weltmeistertitel gewann und dann von der Weltbühne verschwand. Während des Jugoslawienkrieges gab er ein kurzes Comeback und spielte noch einmal eine Serie gegen Spasski, die er gewann. Weil er damit gegen ein Wirtschaftsembargo der USA verstieß, wollten ihn die Amerikaner ins Gefängnis stecken. Er tauchte wieder unter, und 2001 äußerte er sich in Japan in einem Radiointerview lobend über den Terroranschlag auf die Twin Towers in New York. Er starb 2008 einsam in Reykjavik im Krankenhaus.

Oder *Paul Morphy*. Er hat blind Schach gespielt und galt Mitte des 19. Jahrhunderts als bester Spieler der Welt. Er hat mit zwanzig Jahren gegen die stärksten Gegner simultan gespielt, ohne das Brett zu sehen, und hat sie reihenweise besiegt. Das *Morphy-Gambit* ist übrigens eine nach ihm benannte Eröffnung. Kurze Zeit später verlor er das Interesse an Schach völlig und wurde paranoid. Er fürchtete, dass andere – auch seine ehemaligen Freunde und sein Schwager – ihn vergiften wollten und aß nur noch, was seine Mutter ihm zubereitet hatte.»

«Das ist aber schon beängstigend», findet Lisa.

«Ja, doch das sind Ausnahmen. Sicher gibt es manch schrägen Kauz unter den besten Schachspielern, aber die findest du auch unter Wis-

senschaftlern und Künstlern. Genie und Durchschnittlichkeit passen irgendwie nicht zusammen. Du hast außer Schach noch ganz andere Interessen, und es ist wichtig, dass du diese nicht vernachlässigst.»
Der nächste Bus ist eingetroffen, und ein paar Haltestellen weiter verabschieden sich die beiden herzlich. Lisa nimmt sich vor, die wichtigsten Varianten der Italienischen Eröffnung noch einmal durchzugehen.

Lösungen zu den Aufgaben (Diagramme 129 bis 138)

Diagramm 129,
Seite 100
9. **Txa7! Txa7**
10. **c7...** und Weiß
gewinnt.

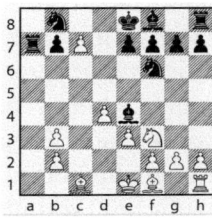

Diagramm 130,
Seite 102
1. **Dd2! Dxd5**
2. **Dxc3+ e5**
3. **Sxe5! Dxe5**
4. **Dc2!** (Schwarz
verliert die Dame)

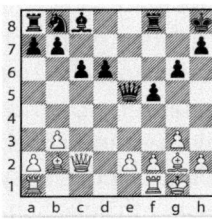

Diagramm 131,
Seite 103
1. **Sxe5! Lxd1?**
2. **Sf6+ g7xf6**
3. **Lxf7 matt**

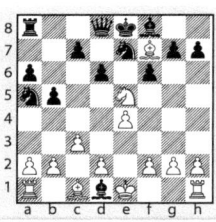

Diagramm 132,
Seite 104
1. **e5–e6! f7xe6**
2. **Lxg7 Kxg7**
3. **Sf5++ Kg8**
4. **Sh6 matt**

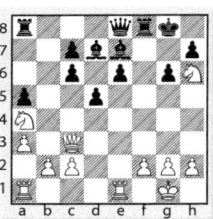

Diagramm 138,
Seite 107
1. **Dd8+! Kxd8**
2. **La5++ Kc8** (oder
   Ke8)
3. **Td8 matt**

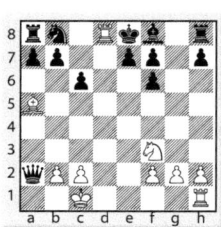

Teil IV
Lisas erste Wettkampfpartie

Lisa platzte beinahe vor Stolz, als sie ihren Eltern erzählte, sie würde am kommenden Samstag mit ihrem Schachklub ein wichtiges Auswärtsspiel bestreiten. Da ginge es um die Qualifikation für die Vereinsmeisterschaft der besten Juniorenmannschaften, sagte sie und tönte dabei so enthusiastisch, als ginge es um die Weltmeisterschaft.

«Moment mal», rief ihr Vater dazwischen, «du sollst also in der Juniorenauswahl deines Schachklubs mitspielen, richtig?»

«Ja, Roberto hat gesagt, dass ich am sechsten Brett spielen darf.» Lisa war nun ein wenig irritiert, weil ihre Eltern ihr nicht gleich um den Hals fielen und nicht zeigten, wie die toll sie diese Nachricht fanden.

Ihre Mutter fand als Erste das Wort: «Ach, meine kleine Lisa, das ist ja unglaublich. Da müssen wir dich aber begleiten, nicht wahr. Die Eltern dürfen doch wenigstens zuschauen, oder?»

«Ja, klar», strahlte Lisa erleichtert, «ihr kommt doch auch mit, oder?»

Ihr Vater meinte bedächtig, dass er eigentlich vorhatte, am Samstag mit Lisa ins Fußballstadion zu gehen, aber ja, wenn seine Tochter zum erstenmal ein so wichtiges Schachspiel bestreiten müsse, würde er natürlich gerne dabeisein.

Samstag, Spiellokal des Schachklubs Schwarz-Weiß: Lisa macht ihre Eltern mit Roberto bekannt, der erfreut ist, dass sie gekommen sind, um ihre Tochter zu unterstützen. «So nervös war sie noch nie», bemerkt Lisas Vater, «aber sie wird doch hoffentlich auch verlieren dürfen?»

«Ja, selbstverständlich», lacht Roberto, «Niederlagen gehören dazu, sie sind sogar nützlich, wenn man weiterkommen will im Schach und überhaupt. Lisa braucht keine Angst zu haben, Fehler zu machen und das Spiel zu verlieren.» Lisas Eltern hören staunend, wie Roberto ihre Tochter lobt. Sie sei eine Draufgängerin, behauptet er, und sie habe einfach ein besonderes Talent für das Schachspiel, so wie andere ein Talent für Musik, Zeichnen oder ein bestimmtes Handwerk haben. Jetzt müsse er sich aber um seine Schützlinge kümmern, entschuldigt er sich.

Im Saal herrscht ziemliches Gedränge um die Schachtische herum. Lisa ist froh, sich zu Rudi und den andern Kameraden ihres Teams begeben zu können.

Der Spielleiter des Heimteams begrüßt die Anwesenden und weist auf die Bedeutung dieses Wettkampfs hin. «Die beiden Teams, die heute aufeinander treffen, spielen um die Qualifikation zur Vereinsmeisterschaft der U16-Junioren im Dezember.» Er ermahnt die Zuschauer, sich während der Spiele ruhig zu verhalten und gibt dann die Spielpaarungen bekannt.

«Mist, jetzt kann ich die Trompete wieder versorgen, mit der ich Lisa anfeuern wollte», hört Lisa in ihrem Rücken Roger flüstern, worauf Nadja ein lautes Kichern nicht unterdrücken kann. Die beiden sind gekommen, um sie moralisch zu unterstützen, wie sie behaupten. Sie bekommt am sechsten Brett Yuki zugeteilt, ein etwa gleichaltriges Mädchen mit asiatischem Aussehen – vielleicht Japanerin, denkt Lisa überrascht, als sie sich höflich die Hand reichen, bevor sie sich zusammen an ihren Tisch begeben.

Rudi spielt am zweiten Brett. Ein Fotograf der Regionalzeitung ist da, und einige der Junioren sind ebenfalls mit ihren Eltern gekommen, die vom Spielleiter erneut gebeten werden, sich von jetzt an möglichst nur noch diskret zu unterhalten.

Lisa ist hypernervös. Sie hat letzte Nacht kaum geschlafen und sich immer wieder vorgestellt, dass ihr schon nach wenigen Zügen ein grober Fehler unterlaufen könnte und sie den Gruppensieg ihres Teams vermasseln würde. Sie ist vor Kurzem 13 Jahre alt geworden, und nie zuvor im Leben hatte sie sich selber so unter Druck gesetzt.

«Es ist nur ein Spiel, bleib einfach ruhig», hört sie Rudi sagen, als er an ihr vorbeigeht.

«Klar, wird schon schiefgehen», hört sie sich gespielt unaufgeregt antworten. «Ich wünsche dir eine gute Partie.»

Vor ihr stehen die weißen Figuren schön aufgereiht auf ihren Feldern, gegenüber blickt ihr die schwarze Truppe drohend entgegen, und hinter dieser sitzt die lächelnde Yuki.

Gemurmel im Saal. Ein Gong ertönt und dann die Stimme des Spielleiters: «Ruhe bitte, die Spiele sind eröffnet.»

Lisa–Yuki

(Italienische Partie)

1. **e4 e5**
2. **Sf3 Sc6**
3. **Lc4 Lc5**

Eine ruhige Entwicklung, wie ich gehofft hatte, denkt Lisa. Nun kann ich
versuchen, mit den Bauernzügen nach
c3 und anschließend d4 das Zentrum
zu besetzen.

4. **c3 Df6?** *(Diagramm 139)*

Wieso bringt sie jetzt schon die Dame
ins Spiel?, fragt sich Lisa. Ich habe mit
Springer f6 gerechnet. Kann ich jetzt
noch d4 spielen? Eigentlich nicht, d4
ist nun von vier gegnerischen Steinen
beherrscht, aber nur von drei eigenen

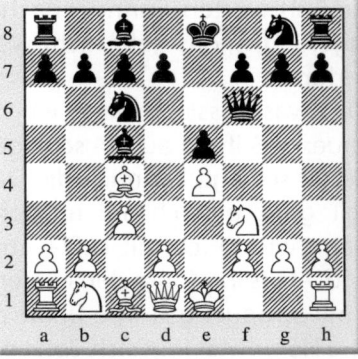

Diagramm 139, nach 4. c3 Df6

geschützt. Trotzdem, wenn ich d4 spiele und dann die Dame f6 angreife, nachdem Yuki meinen Bauern auf d4 geschlagen hat, sollte ich danach den Bauernverlust ausgleichen können…

5. **d4 exd4**
6. **e5!**

Wenn sie nun mit dem Springer meinen Bauern e5 schlägt, gehe ich mit
der Dame auf e2. Ihr Springer ist dann gefesselt (König e8), ich schlage

den Bauern d4 und greife den Springer
an. Das würde ihr vielleicht nicht gefallen.

Yuki überlegt lange, und Lisa schielt
auf die Schachuhr. Yukis Zeit läuft, und
das ist irgendwie beruhigend.

6. **… Dg6** *(Diagramm 140)*

Von wegen ruhiges Spiel! Yuki droht
mit Dxg2, und ich bin wieder nur am
Verteidigen, denkt Lisa bekümmert.
Nadja und Roger stehen nahe genug

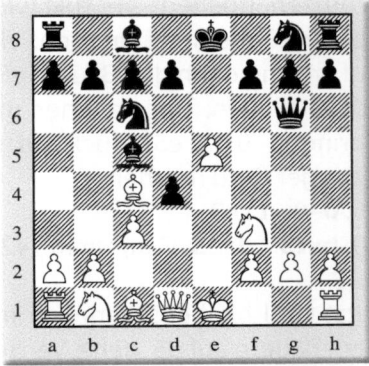

Diagramm 140, nach 6. e5! Dg6

an ihrem Tisch, um Lisas Spiel verfolgen zu können. Ihre Gesichter verraten nichts. Roberto scheint sich als Zuschauer mehr für die Spiele an den ersten beiden Brettern zu interessieren. Auch gut.

Lisa geht in Gedanken rasch alle Optionen durch: Rochade? Springer nach g5? Droht immerhin Lxf7+ – nein, Unsinn, Yuki würde natürlich mit Sxe5 antworten. Springer nach h5, Yukis Dame angreifen und g2 verteidigen? Ups, das geht nicht wegen De4+, und mein Springer h4 wäre verloren!

Und was passiert, wenn ich mit dem Bauern c3 ihren auf d4 schlage? Wenn sie g2 schlägt, kann ich die Dame mit Tg1 ganz einfach auf h3 vertreiben. Dann würde ich mit Lxf7+ antworten und – falls ihr König den Läufer schlägt – mit Springer g5+ ihre Dame erobern! Ihre Nervosität legt sich. Jetzt noch einmal alle Möglichkeiten durchgehen. Ja, soll sie doch auf g2 schlagen, aber zuerst hole ich mir den Bauern zurück!

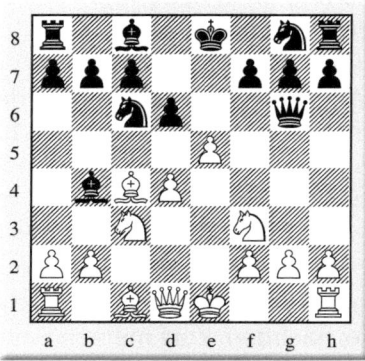

Diagramm 141, nach 8. Sc3 d6

   7. **cxd4! Lb4+**
   8. **Sc3 d6** *(Diagramm 141)*

Lisa ist ein wenig enttäuscht, weil Yuki nicht mit Dxg2 in die Falle getappt ist. Nun muss ich rochieren, den Springer c3 entfesseln und g2 schützen, überlegt sie. Yuki wird ihren Läufer c8 ins Spiel bringen, vielleicht auf g4, und dann den Bauern e5 abtauschen wollen, um nachher mit dem Springer über e5 Druck auf meinen Springer f3 zu machen.

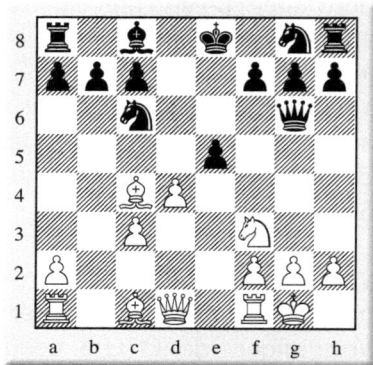

   9. **0–0 Lxc3**
10. **bxc3 dxe5** *(Diagramm 142)*

Jetzt cool bleiben! Wenn ich mit meinem Bauern auf d5 gehe, vertreibe ich ihren Springer c6 und kann dann ihren

Diagramm 142, nach 10. bxc3 dxe5

Bauern e5 schlagen, bevor sie den Läufer auf g4 setzt und meinen Springer an die Dame d1 fesselt. Ihre Nervosität steigt wieder an. Ein paar Schritte und ein wenig Bewegung wären jetzt gut, überlegt sie. Natürlich dürfte sie sich nur innerhalb der Zone mit den Turniertischen bewegen. Die Organisatoren würden darauf achten, dass sie keine Tipps von ihren Begleitern oder gar von ihrem Coach bekäme.

Eben ist Rudi an ihrem Tisch vorbeigekommen und einen Moment stehen geblieben, um die Stellung auf ihrem Brett zu betrachten.

Sie würde auch gerne wissen, wie es ihren Teamkameraden läuft, doch sie verwirft den Gedanken und konzentriert sich wieder auf ihr eigenes Spiel.

Noch einmal nachdenken: Mit dem Bauern auf d5, dann geht Yuki vielleicht mit dem Springer nach a5, ich stelle den Läufer auf d3, greife ihre Dame an und schlage schließlich den Bauern e5.

11. d5 Lh3? *(Diagramm 143)*

Uups, Mattangriff! Schnell alle Möglichkeiten überprüfen, wie das Matt abgewendet werden kann: Bauer auf g3 kommt nicht infrage, weil dann der Läufer den Turm auf f1 schlagen würde. Diesen Qualitätsverlust muss sie vermeiden. Sg5 ist suboptimal wegen Lxg2, Kxg2, h6 mit Fesselung des Springers; Sh4 ist besser. Viel besser!

12. Sh4 De4 *(Diagramm 144)*

Dieser Zug war zu erwarten. Jetzt greift sie zwei Figuren an, und auf g2 droht immer noch Matt, wenn man sich den Springer h4 wegdenkt. Ich kann aber auch zwei Figuren schlagen. Noch einmal alles durchrechnen: Ich schlage Springer c6, sie den Läufer c4 (sie hat ja kaum eine andere Wahl), dann ich den Läufer h3 und sie den Springer h4. Und dann ist die d-Linie

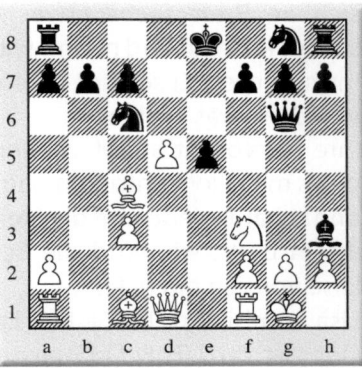

Diagramm 143, nach 11. d5 Lh3

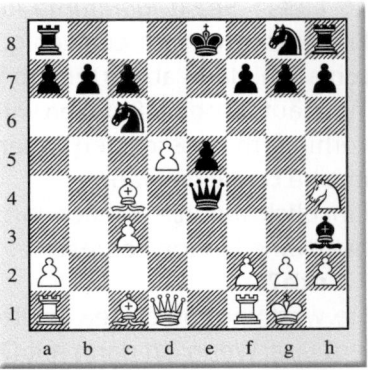

Diagramm 144, nach 12. Sh4 De4

offen… Yuki betrachtet die Stellung hoch konzentriert und wartet gespannt auf Lisas Zug.

13. **dxc6   Dxc4**

14. **gxh3   Dxh4** *(Diagramm 145)*

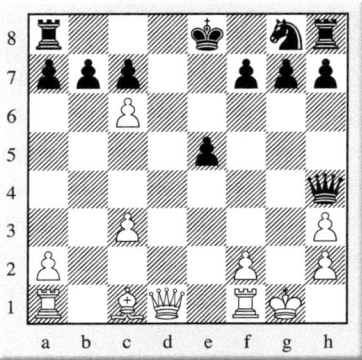

Diagramm 145, nach 14. gxh3 Dxh4

Unter den Zuschauern um den Tisch von Lisa und Yuki wird leise gesprochen und geflüstert. Auch Roberto scheint mitbekommen zu haben, dass sich an Brett sechs etwas tut. Lisa schaut kurz auf und nimmt wahr, wie er ihr zublinzelt. Er scheint erfreut zu sein von dem, was er sieht.

Ihre Nervosität steigt wieder an. Ich muss mich konzentrieren, sagt sie sich und schaut wieder auf die Stellung auf ihrem Brett, während die Schachuhr leise vor sich hin tickt.

Lisa kombiniert: Dd7+ Kf8; La3+ Se7. Oder ist cxb7 Tb8; Dd5 besser? Nein, den Angriff würde Yuki leicht mit Se7 abwehren können.

15. **Dd7+!   Kf8**

16. **La3+   Se7** *(Diagramm 146)*

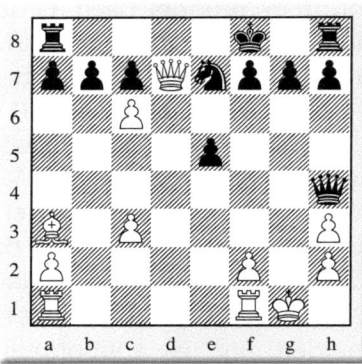

Diagramm 146, nach 16. La3+ Se7

Lisa entspannt sich ein wenig. Jetzt b7 schlagen, dann abwarten, ob Yuki den Turm auf b8 oder e8 stellen wird, um zu verhindern, dass ich den Bauern auf b8 in eine Dame umwandle.

Ein Blick auf die Schachuhr: Sie hat noch eine Menge Zeitreserve.

17. **cxb7**

Sie wird vermutlich Te8 spielen, überlegt Lisa. Wenn ich dann mit Dxe8 antworte und sie mit Kxe8, kann ich den

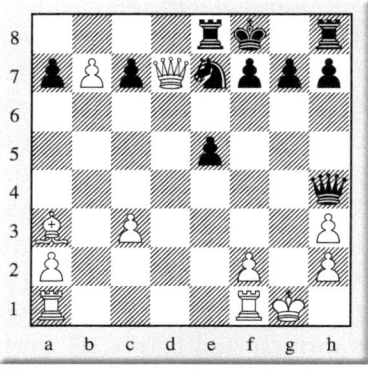

Diagramm 147, nach 17. cxb7 Te8

Bauern auf b8 in eine neue Dame umwandeln.

17. … Te8 *(Diagramm 147)*
Wie ihre nächsten beiden Züge aussehen, liegt auf der Hand. Lisa kann es kaum fassen, dass auf einmal alles so einfach wird. Angespanntes Schweigen um ihren Tisch herum. Sie erwägt noch, mit der Dame c7 zu schlagen, doch dann wählt sie den direkteren Weg:

18. Dxe8+ Kxe8

19. b7–b8D+ Kd7 *(Diagramm 148)*

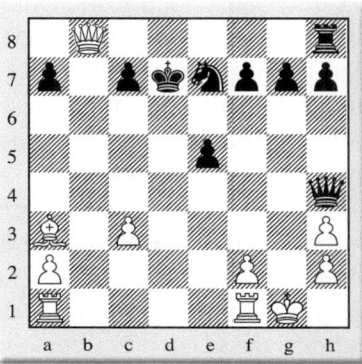

Diagramm 148, nach 19. b8D+ Kd7

Jetzt den Turm h8 schlagen, dann mit dem eigenen Turm von a1 nach d1 und Schach geben, denkt Lisa. Sie ist voller Vorfreude auf den Sieg, den sie nun gewiss nicht mehr aus der Hand geben würde.

20. Dxh8
Lisa denkt, dass ihre Gegnerin aufgrund der aussichtslosen Lage eigentlich jetzt aufgeben könnte. Aber Yuki scheint noch einen Ausweg zu sehen:

20. … Dxh3 *(Diagramm 149)*

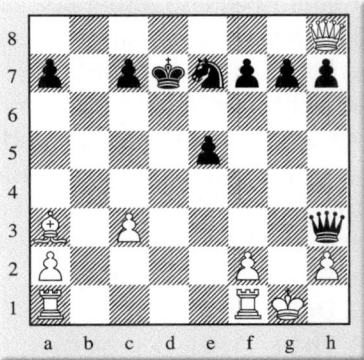

Diagramm 149, nach 20. Dxh8 Dxh3

Vielleicht kapituliert sie, wenn ich jetzt Tad1+ spiele. Vor lauter Aufregung hat Lisa vergessen, die letzten beiden Züge zu notieren. Wie war das noch nach ihrem 18. Zug? Zum Glück hat sie noch genügend Zeitreserve, und es gelingt ihr, das Spielformular auf den aktuellen Stand zu bringen.

21. Tad1+ Kc6 *(Diagramm 150)*

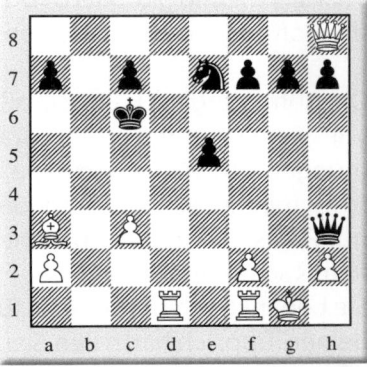

Diagramm 150, nach 21. Tad1+ Kc6

Na gut, dann noch Lxe7. Offenbar will Yuki diese Partie bis zum Matt durchspielen. Jetzt lässt sie sogar ihren Springer einfach stehen. Lisas linke Hand schwebt über dem Läufer a3. Sie zögert noch. Jemand hat gehustet, und irgendwie kommt ihr dieses Hüsteln bekannt vor. Als sie aufschaut, sieht sie Roberto, der sie mit aufgerissenen Augen anstarrt und fast unmerklich den Kopf schüttelt.

Lisa ist irritiert. Sie schaut noch einmal genauer aufs Brett – ihre Hand immer noch über dem Läufer a3 – und erschrickt. Deshalb also hat Yuki nicht bereits aufgegeben: Sie kann mit ihrer Dame Dauerschach geben, abwechselnd auf g4 und f3, die Partie würde remis enden! Yuki hatte

gehofft, dass Lisa dies übersehen würde. Der scheinbar vergessene Springer ist eine Falle! Lisa atmet auf, zu ihrem Glück hat sie den Läufer a3 noch nicht berührt.

Sie zieht ihre Hand zurück und überlegt, wie sie das Remis abwenden soll. Bauer auf f3? Oder den Bauern g7 schlagen? Ja, das würde Dg4+ verhindern. Doch eigentlich kann ich auch weiter auf Angriff spielen…

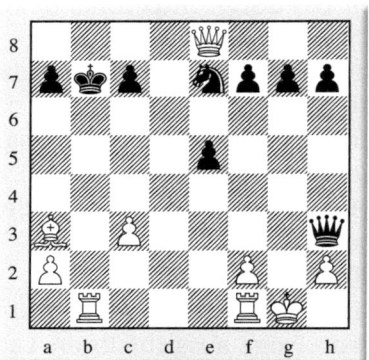

Diagramm 151, Schlussstellung

22. **De8+ Kb7**
23. **Tb1+ 1:0** (… Ka6; 24. Da4‡)

Yuki lächelt und gratuliert: «Du hast sehr gut gespielt! Ich hatte nur noch die Hoffnung, dass du meinen Springer schlägst.»

Die Aufregung nach Lisas großartigem Sieg ist enorm. Ihr Resultat wird vom Spielleiter registriert, Gratulationen, Küsschen von Nadja. Umarmungen von Mama und Papa, die mächtig stolz auf sie sind. «Sensationell», meinen alle ihre Freundinnen und Freunde. «Jetzt führen wir 3:2, nur Rudis Partie ist noch nicht fertig, aber er steht gut. Mindestens ein Remis sollte drinliegen.»

Sie bedankt sich bei Roberto für seinen heimlichen Hinweis: «Danke für deinen Tipp, ich hätte den Sieg beinahe aus der Hand gegeben!»

«Tipp? Wovon redest du? Du hast es alleine geschafft!», antwortet der

Trainer. Er schaut sich nervös um, und Lisa begreift erschrocken, dass es für sie und ihren Coach wohl besser ist, sein Hüsteln und Kopfschütteln unerwähnt zu lassen. Zum Glück scheint das niemand mitbekommen zu haben; keiner schaut sie fragend an.

Ein Schönheitsfehler, wird es Lisa bewusst, der ihre Freude an ihrem Sieg ein wenig trübt. Aber nur ein wenig.

«Bitte Ruhe», mahnt der Spielleiter, «an Brett zwei wird noch gespielt.» Kurzes Gemurmel, dann absolute Stille. Rudi, der am zweiten Brett spielt, sitzt angespannt auf seinem Stuhl, den Kopf in beide Hände gestützt. Sein Gegner ist am Zug und scheint ebenfalls nichts anderes wahrzunehmen als die 64 Felder und die paar Figuren, die sich noch auf dem Brett befinden. Das kurze Surren der Kamera und der gleichzeitig erfolgende Blitz, als der Fotograf der Lokalzeitung die beiden Kontrahenten ablichtet, erhöhen die Spannung im Raum und die Nervosität der beiden Spieler. Jetzt hat Rudis Gegner, ein großgewachsener hagerer Junge, seinen Zug ausgeführt und die Taste an der Schachuhr gedrückt. Die Zuschauer drängen näher an den Tisch heran, Rudi notiert den Zug des Gegners und spielt nach kurzem Überlegen den Antwortzug. Atemlose Stille. Rudis Gegenspieler starrt minutenlang auf das Brett, schaut dann auf und reicht Rudi wortlos die Hand. Rudi erhebt sich und strahlt, und Lisa wäre ihm am liebsten um den Hals gefallen, doch ihr Freund wird jetzt vom ganzen Team gefeiert und weiß nicht, wie ihm geschieht.

«Wir spielen um die Landesmeisterschaft», jubeln Spielerinnen, Spieler und Fans des Schachklubs ChessMate. Lisa ist erleichtert darüber, dass es am Ende für das Team dank Rudis Sieg keine Rolle mehr spielt, ob sie gegen Yuki einen ganzen Punkt geholt oder, nach einem Remis, nur einen halben gewonnen hätte.

Inzwischen ist auch Onkel Erich eingetroffen, der wegen seines Jobs nicht früher kommen konnte. Er gratuliert Lisa enthusiastisch zu ihrem Sieg und meint: «Mich wundert gar nichts mehr. Vor einem Jahr hast du noch keine Ahnung gehabt, wie ein Springerzug geht, und vor zwei Monaten hast du mich zum erstenmal einwandfrei besiegt. Jetzt gehörst du schon zu den Besten deines Jahrgangs in unserer Stadt. Unglaublich, einfach unglaublich!»

«Ich habe ja immer schon gesagt, dass sie alle in die Tasche steckt», hört sie Roger zu Erich sagen, «am Schachbrett ist sie gnadenlos.»

«Ach, du spinnst», lacht Lisa etwas verlegen und verpasst Roger mit der flachen Hand einen Stoß.

Lisa fühlt, dass sie noch Zeit braucht, um zu verstehen, was heute passiert ist. Es ist das erste wirklich große Erfolgserlebnis in ihrem Leben, und dass sie ihre Freude mit ihren Schachfreunden und der Familie teilen darf, macht den Tag für sie umso schöner.

«Komm», bemerkt sie zu Roger, «du sagtest doch, dass du deine Trompete dabei hast. Wie wär's mit einer Fanfare?»

Roger bedauert, dass er nur gebluft hat: «Nein, sorry, das war nur ein Scherz. Ehrlich, sonst würde ich jetzt ‹We are the Champions› spielen.»

Index